Inhaltsverzeichnis

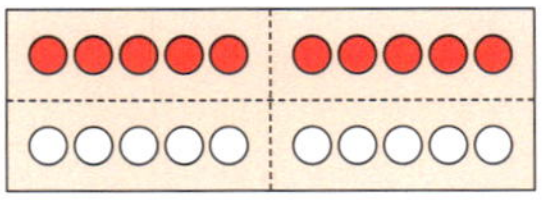

1

5 + 1 = ___	4 + 5 = ___	6 + 2 = ___
7 + 2 = ___	3 + 4 = ___	7 + 3 = ___
6 + 3 = ___	2 + 1 = ___	8 + 1 = ___

2

5 – 2 = ___	9 – 6 = ___	10 – 2 = ___
6 – 3 = ___	7 – 4 = ___	10 – 5 = ___
9 – 2 = ___	8 – 5 = ___	10 – 7 = ___

3 **Vorwärts und rückwärts**

a)

4, 5, ___, ___, ___, 9

0, 2, ___, ___, ___, 10

b)

5, 4, ___, ___, ___, 0

10, 8, ___, ___, ___, 0

4 **Verbinde.**

5

7	
3	4
	6
5	
	0

8	
5	
	2
4	
	7

9	
7	
	6
5	
	1

10	
5	
	2
7	
	4

6

3		
1	2	4

3	1	2

2	1	3

7

10		
	3	
5	2	

10		
6		
3		

10		
5		
	2	

10		
2		
	1	

10		
4		
	2	

10		
3		
	3	

Verwandte Aufgaben ⊕

1 **Zeichne und rechne.**

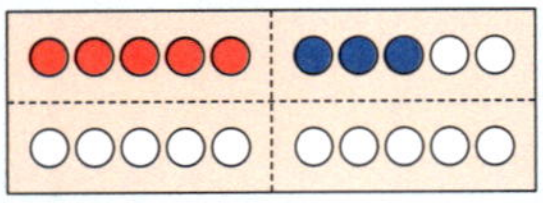

5 + 3 = ___

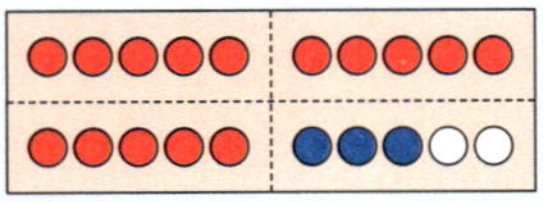

15 + 3 = ___

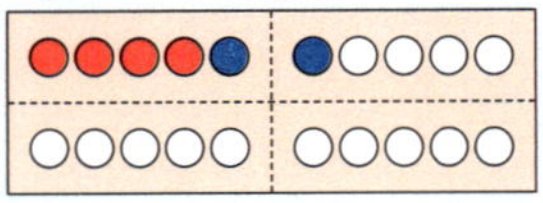

4 + 2 = ___

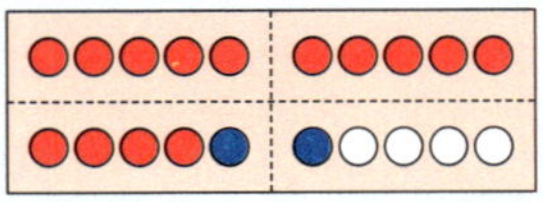

14 + 2 = ___

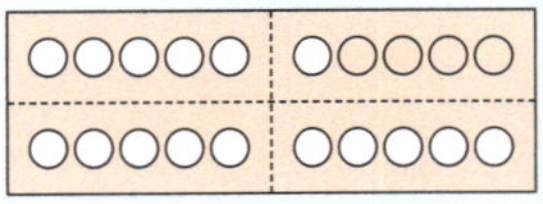

6 + 4 = ___

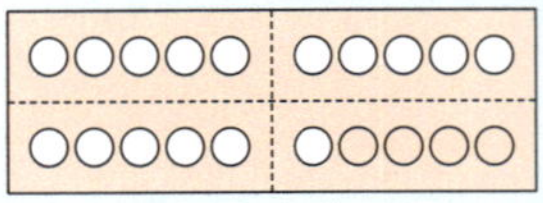

16 + 4 = ___

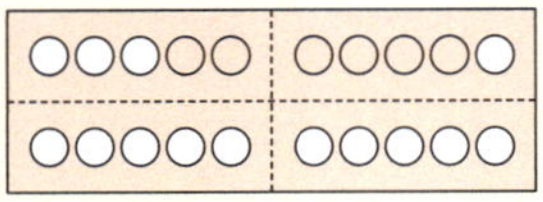

3 + 6 = ___

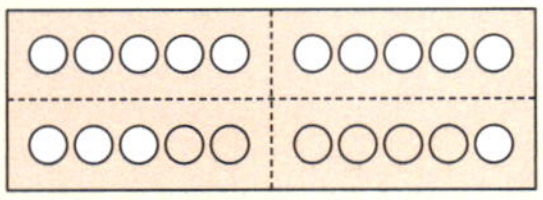

13 + 6 = ___

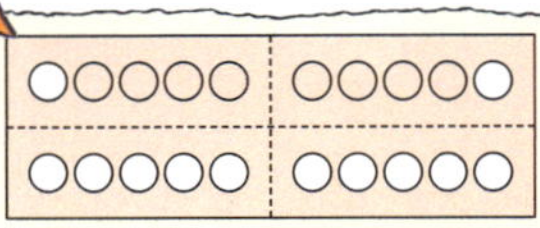

1 + 8 = ___

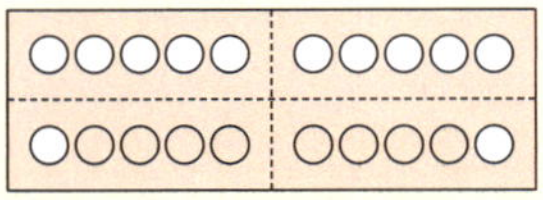

11 + 8 = ___

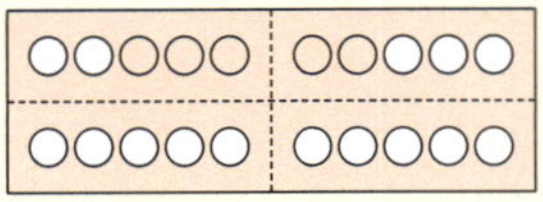

2 + 5 = ___

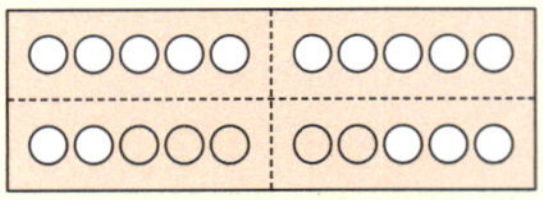

12 + 5 = ___

2 **Rechne.**

5 + 4 = ___
15 + 4 = ___

6 + 2 = ___
16 + 2 = ___

3 + 4 = ___
13 + 4 = ___

4 + 5 = ___
14 + 5 = ___

7 + 3 = ___
17 + 3 = ___

8 + 2 = ___
18 + 2 = ___

① Zeichne und rechne.

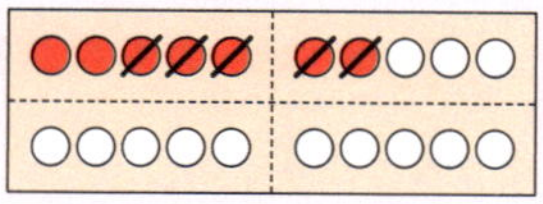

7 – 5 = ____

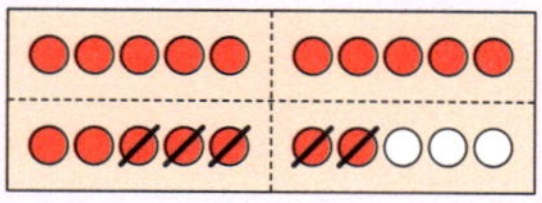

17 – 5 = ____

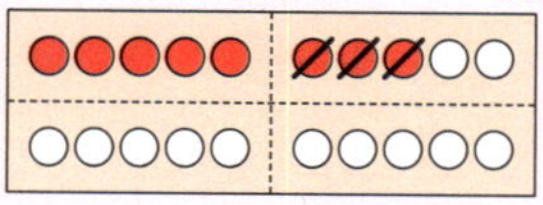

8 – 3 = ____

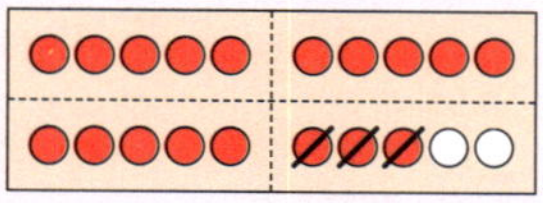

18 – 3 = ____

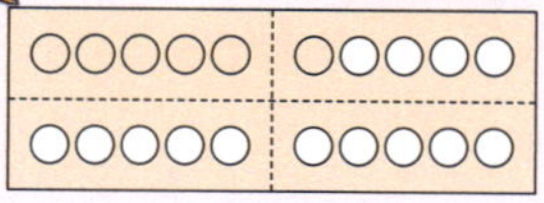

6 – 6 = ____

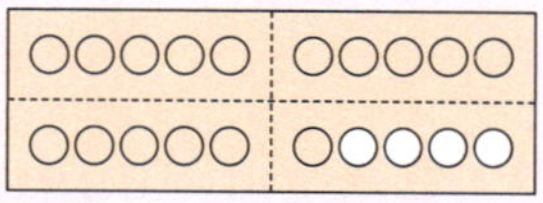

16 – 6 = ____

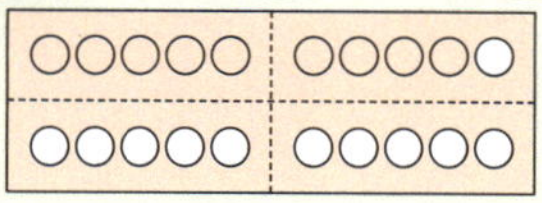

9 – 6 = ____

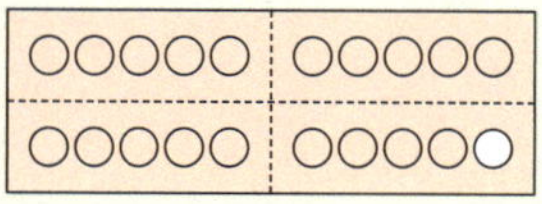

19 – 6 = ____

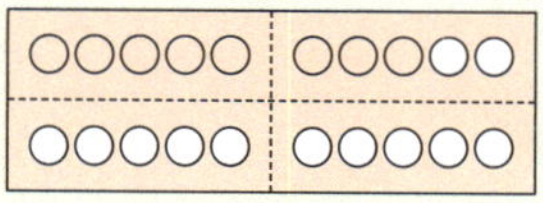

8 – 5 = ____

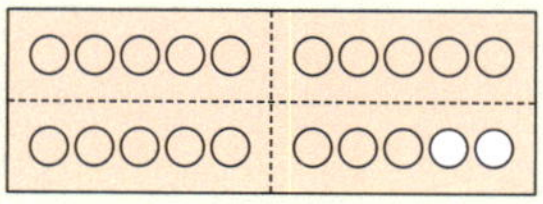

18 – 5 = ____

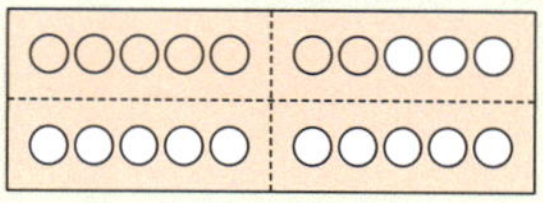

7 – 4 = ____

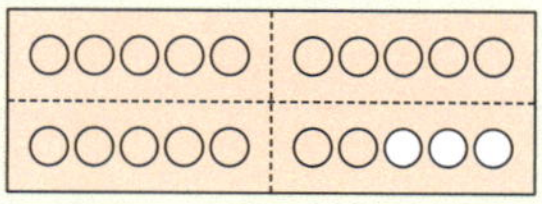

17 – 4 = ____

② Rechne.

6 – 3 = ____
16 – 3 = ____

5 – 2 = ____
15 – 2 = ____

4 – 3 = ____
14 – 3 = ____

9 – 5 = ____
19 – 5 = ____

8 – 4 = ____
18 – 4 = ____

7 – 6 = ____
17 – 6 = ____

① **Zeichne und rechne.**

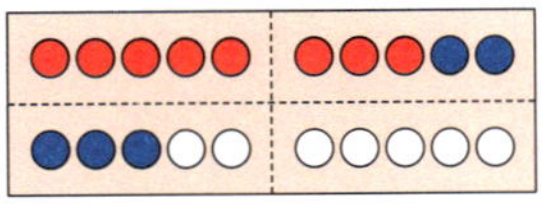

8 + 5 = ___
8 + 2 + 3 = ___

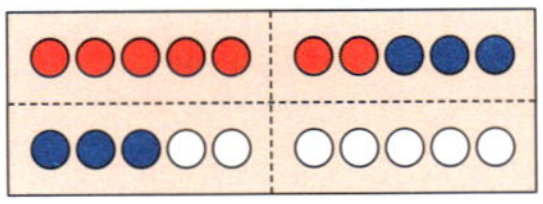

7 + 6 = ___
7 + 3 + ___ = ___

5 + 9 = ___
5 + ___ + ___ = ___

② **Bis zur 10 und dann weiter**

4 + 8 = ___
4 + 6 + ___ = ___

9 + 3 = ___
9 + ___ + ___ = ___

7 + 7 = ___
7 + ___ + ___ = ___

6 + 5 = ___
6 + ___ + ___ = ___

8 + 7 = ___
8 + ___ + ___ = ___

2 + 9 = ___
2 + ___ + ___ = ___

7 + 6 = ___
7 + ___ + ___ = ___

5 + 9 = ___
5 + ___ + ___ = ___

8 + 8 = ___
8 + ___ + ___ = ___

③

13	
5	8
9	
8	
6	

16	
	7
	8
	9
	10

14	
6	
	9
8	
	7

4 Streiche durch und rechne.

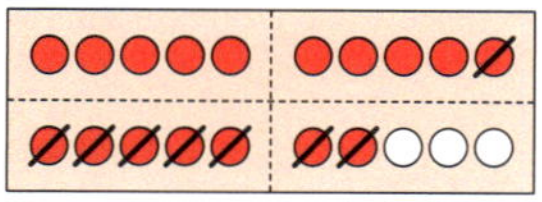

17 – 8 = ___
17 – 7 – 1 = ___

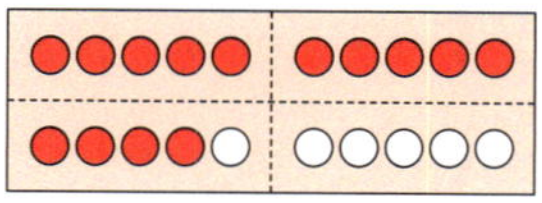

14 – 6 = ___
14 – 4 – 2 = ___

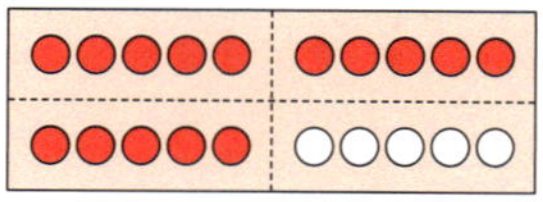

15 – 7 = ___
15 – 5 – 2 = ___

5 Rechne.

18 – 9 = ___
18 – 8 – 1 = ___

11 – 6 = ___
11 – ___ – ___ = ___

13 – 4 = ___
13 – ___ – ___ = ___

12 – 6 = ___
12 – ___ – ___ = ___

15 – 8 = ___
15 – ___ – ___ = ___

16 – 7 = ___
16 – ___ – ___ = ___

17 – 9 = ___
17 – ___ – ___ = ___

14 – 9 = ___
14 – ___ – ___ = ___

13 – 6 = ___
13 – ___ – ___ = ___

6 Rechne und ergänze die letzte Aufgabe.

17 – 10 = ___	18 – 10 = ___	20 – 10 = ___
17 – 11 = ___	18 – 11 = ___	20 – 11 = ___
17 – 12 = ___	18 – 12 = ___	20 – 12 = ___
17 – 13 = ___	18 – 13 = ___	20 – 13 = ___
17 ___	18 ___	20 ___

1 **Rechne.**

a)
5 + 8 = ___
12 + 6 = ___
9 + 7 = ___
7 + 8 = ___
6 + 9 = ___
11 + 5 = ___
13 + 4 = ___

b)
17 – 8 = ___
11 – 5 = ___
12 – 6 = ___
20 – 12 = ___
19 – 13 = ___
17 – 14 = ___
13 – 8 = ___

c)
20 – 13 = ___
11 + 9 = ___
17 – 8 = ___
5 + 12 = ___
20 – 16 = ___
0 + 18 = ___
20 – 0 = ___

2

+	3	4	5
5			
15			

–	2	4	5
6	4		
16			

3 **Rechenmauern bis 20**

4

Zahl	4	2	5		8		9
Das Doppelte				14		12	

Zahl	18	12		10		16	20
Die Hälfte			4		7		

5 Rechendreiecke

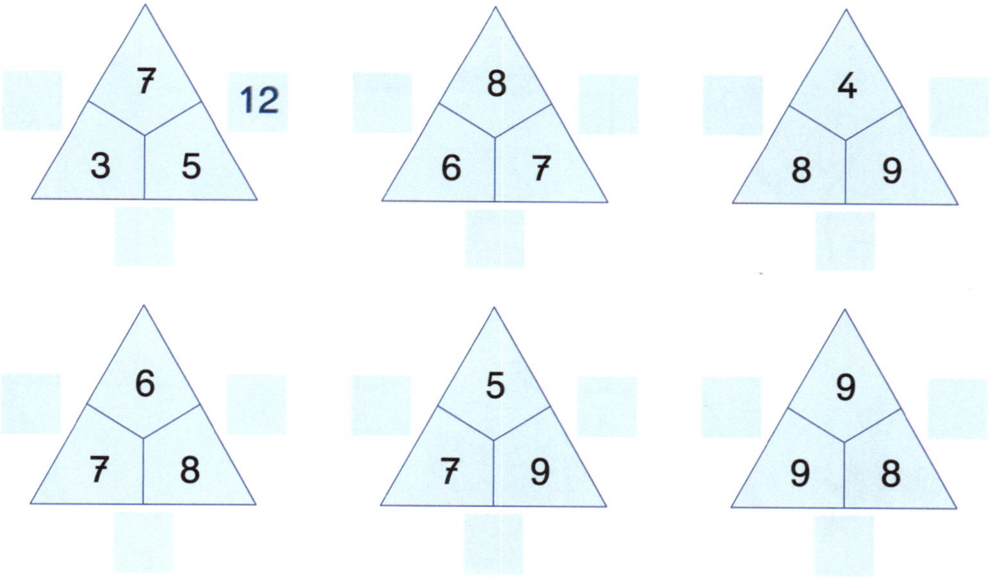

6 Kleine Knobelei

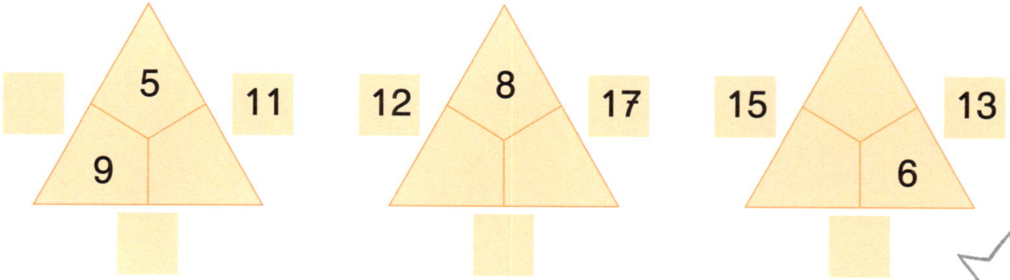

Im Parkhaus

Färbe das passende Auto in der richtigen Farbe.

Welches Auto parkt über  ?

Was siehst du rechts von  ?

Was siehst du links von  ?

Was siehst du vor  ?

1 Zehner

a) Wie viele sind es?

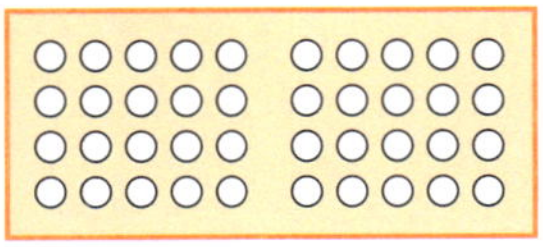

___ Z

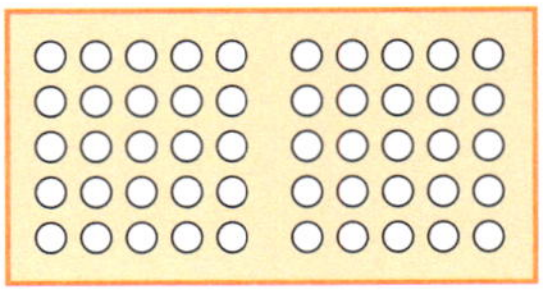

___ Z

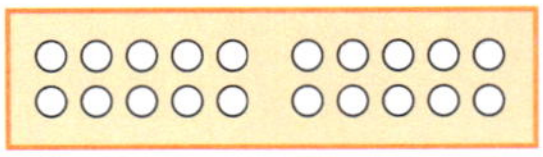

___ Z

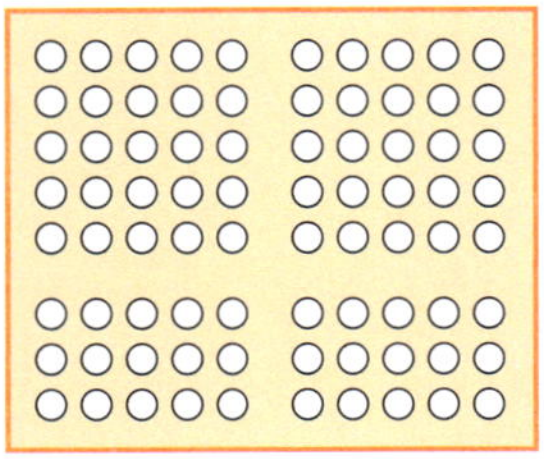

___ Z

b) Wie viele sind es?

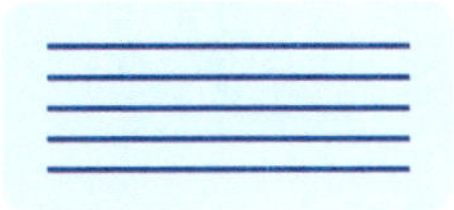

5Z = 50

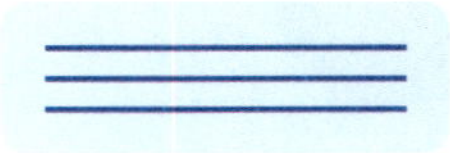

___ Z = ___

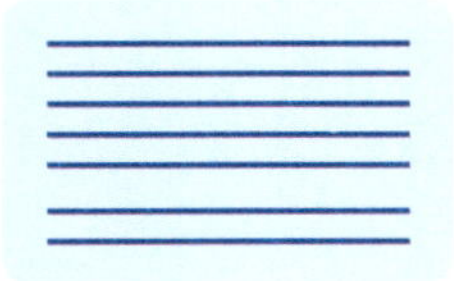

___ Z = ___

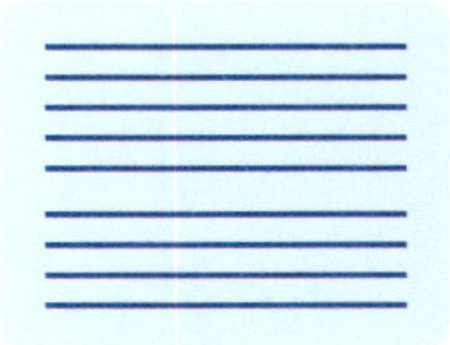

___ Z = ___

c) Verbinde die Zehnerzahlen in der richtigen Reihenfolge.

20 100 90

10 60 80

30 40 50 70

2 Zehner und Einer

a) Wie viele sind es?

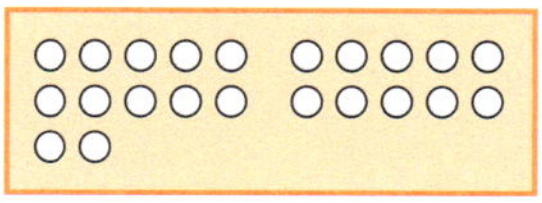

___ Z ___ E

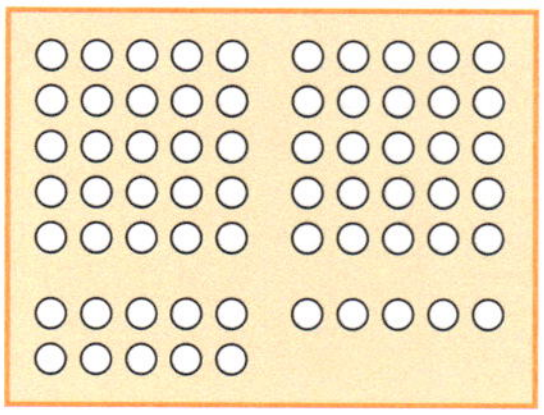

___ Z ___ E

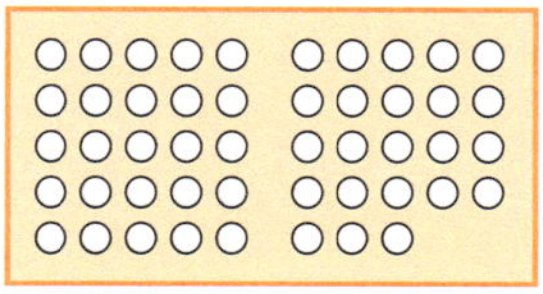

___ Z ___ E

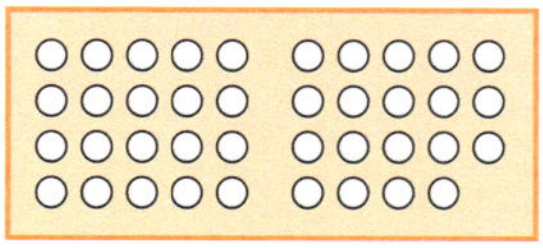

___ Z ___ E

b) Wie viele sind es?

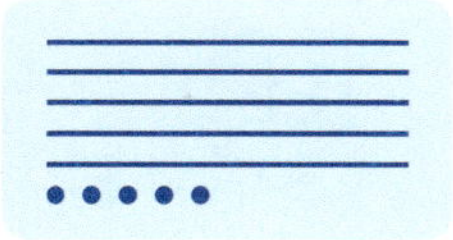

5Z 5E = 55

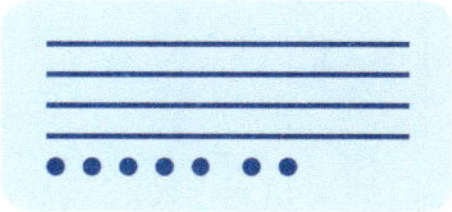

___ Z ___ E = ___

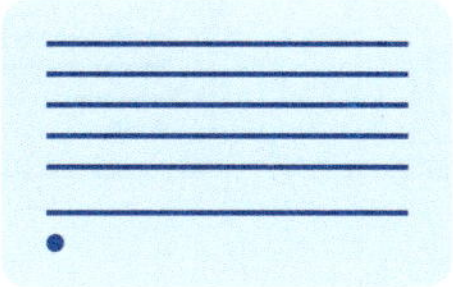

___ Z ___ E = ___

___ Z ___ E = ___

___ Z ___ E = ___

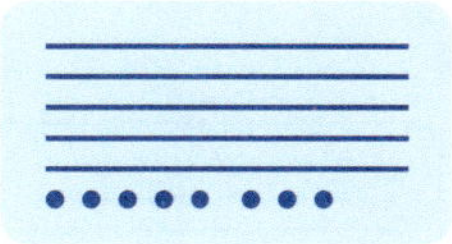

___ Z ___ E = ___

① **Verbinde die Zahlen in der richtigen Reihenfolge.**

a) von 1 bis 33  b) von 50 bis 87 

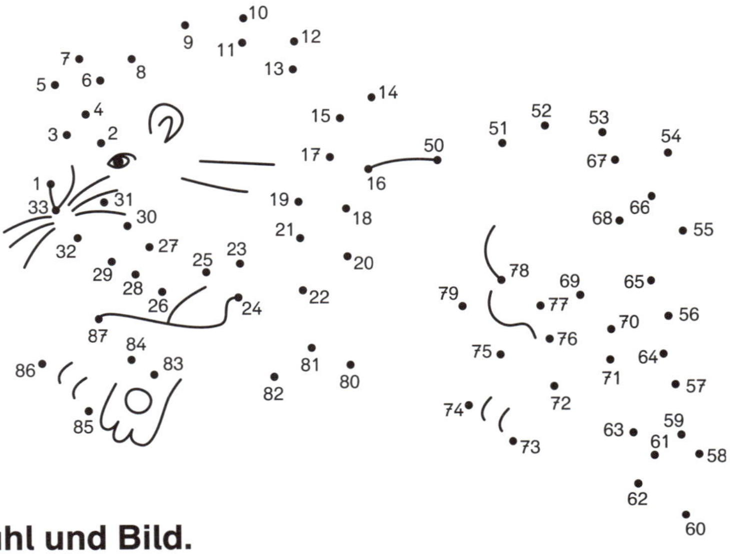

② **Verbinde Zahl und Bild.**

a) 52 44 13 32 28

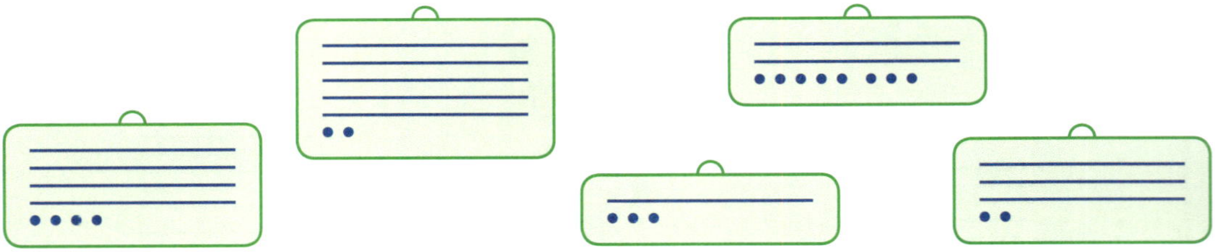

b) 54 45 63 36

1 Welche Zahlen sind dargestellt?

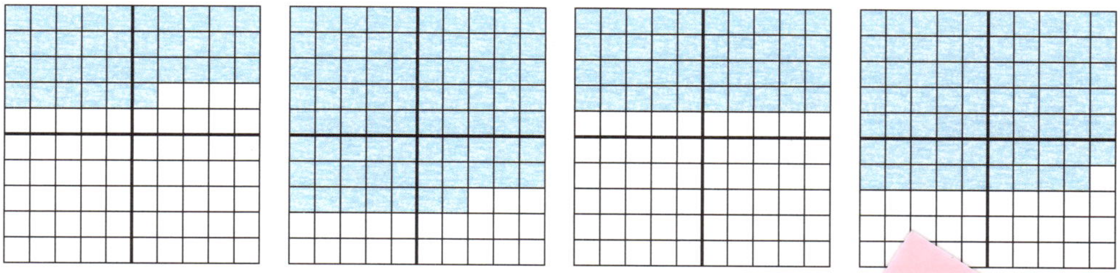

36 ___ ___ ___

2 Färbe.

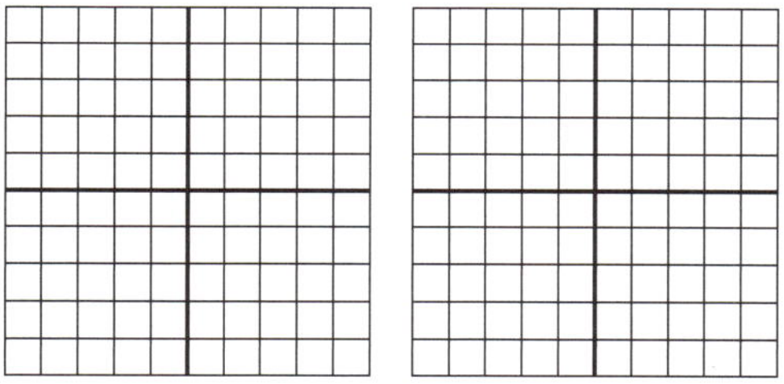

30 53

3 Meine Zahl hat …

… 6 Z und 5 E. … 4 Z und 8 E.

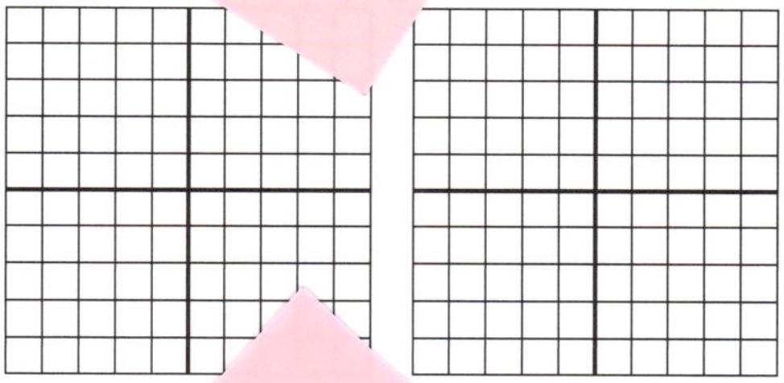

___ ___

4 Pass gut auf!

4 Z und 1 E | 4 E und 1 Z | 5 E und 3 Z | 3 Z und 5 E

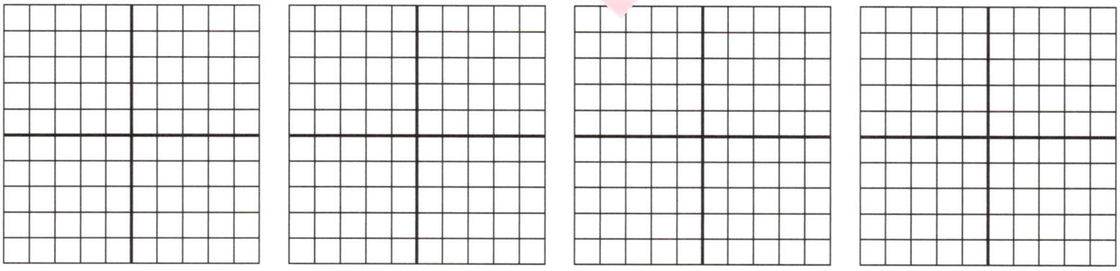

___ ___ ___ ___

1 **Trage alle fehlenden Zahlen ein.**

1	2	3	4	5	6	7	8	9	10
11	12							19	
21		23					28	29	
31			34			37			
41				45	46				
51				55	56				
61			64			67			
71		73					78		
81	82							89	
91	92	93	94	95	96	97	98	99	100

2 **Färbe:**

☒ Zehnerzahlen gelb
☒ Zahlen mit 8 Einern rot

3 **Ergänze die Sätze.**

Setze ein:

die Einer | die Zehner | am Ende der Zeile | untereinander

a) In der Hundertertafel stehen

- alle Zahlen mit 8 Einern ______________________.
- alle Zehnerzahlen ______________________.

b) Wenn du in der Tabelle nach rechts oder links wanderst, verändern sich ______________________.

c) Wenn du in der Tabelle nach oben oder unten wanderst, verändern sich ______________________.

4 **Ergänze die Ausschnitte aus der Hundertertafel.**

5 **Rechenrätsel: Wie heißt die Zahl aus der Hundertertafel?**

a) Meine Zahl steht in der letzten Zeile und eine Ziffer ist die 2: ______

b) Meine Zahl besteht aus einer 4 und einer 6: ______ oder ______

c) Meine Zahl steht zwischen 50 und 60 und hat zwei gleiche Ziffern: ______

d) Meine Zahl ist die größte Zahl auf der Tafel: ______

Zahlenstrahl

Die Aufgaben gehen rechts weiter.

1 Trage alle Zehnerzahlen ein.

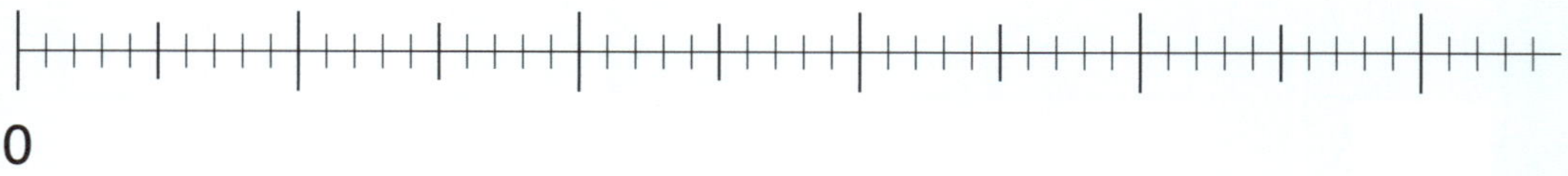

2 Trage alle Zahlen mit 5 Einern ein.

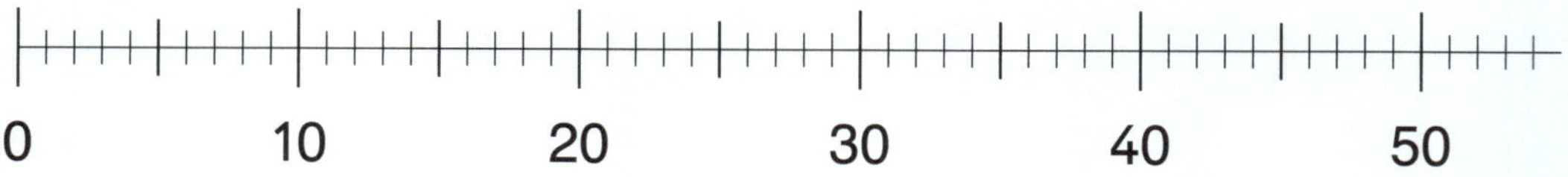

3 Zähle in 5er-Schritten vorwärts …

a) 5, 10, ____, ____, ____, ____, ____, ____, 45

c) 30, 35, ____, ____, ____, ____, ____, ____, 70

e) 60, 65, ____, ____, ____, ____, ____, ____, 100

4 a) Verbinde.

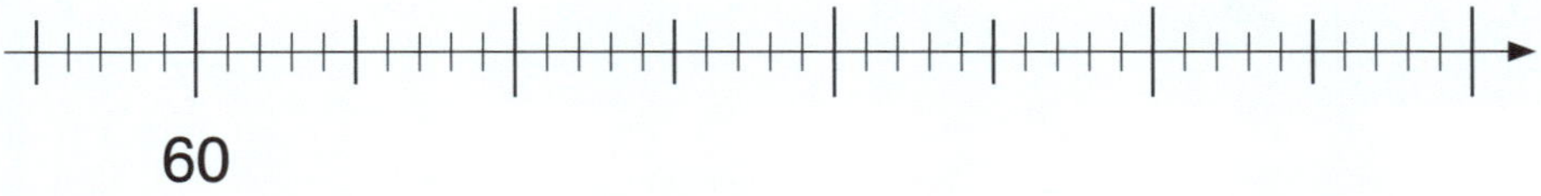

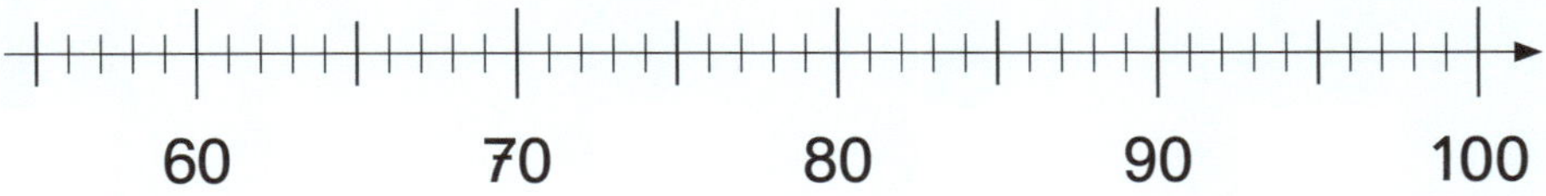

... und rückwärts

b) 65, 60, ____, ____, ____, ____, ____, ____, 25

d) 40, 35, ____, ____, ____, ____, ____, ____, 0

f) 85, 80, ____, ____, ____, ____, ____, ____, 45

b) Wie heißen die Zahlen?

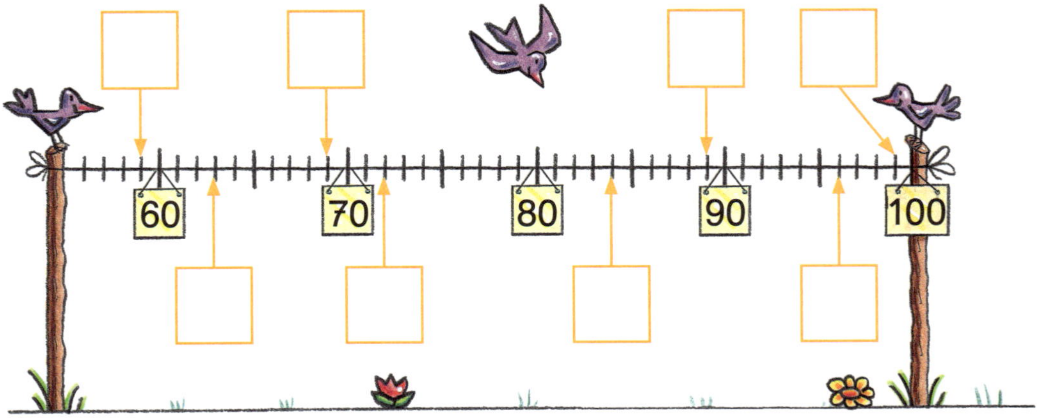

1 Ordne die Zahlen der Größe nach.

65		~~61~~		69
	63		67	

61 ___ ___ ___ ___ ___

17		47		77
	57		27	

___ ___ ___ ___ ___

46		94		100
	35		87	

___ ___ ___ ___ ___

49		91		78
	15		62	

___ ___ ___ ___ ___

2 Nachbarzahlen

a) Welche Zahl steht dazwischen?

35	37
73	75
94	96

45	47
67	69
13	15

23	25
56	58
98	100

b) Welche Zahlen stehen davor und dahinter?

Vorgänger	Zahl	Nachfolger
	46	
	33	
	29	
	16	

Vorgänger	Zahl	Nachfolger
	67	
	56	
	78	
	97	

③ Nachbarzehner

Zwischen welchen Zehnern stehen die Zahlen?

60	64	70	___	92	___	___	51	___
___	73	___	___	68	___	___	34	___
___	49	___	___	35	___	___	28	___
___	16	___	___	88	___	___	96	___

④ Rechne bis zum Nachbarzehner.

64 + ___ = 70
64 – ___ = 60

83 + ___ = 90
83 – ___ = 80

47 + ___ = 50
47 – ___ = 40

78 + ___ = ___
78 – ___ = ___

52 + ___ = ___
52 – ___ = ___

31 + ___ = ___
31 – ___ = ___

⑤ Vergleiche: (>) (<) (=)

26	◯	79	82	◯	51	74	◯	74
65	◯	17	99	◯	100	70	◯	90
80	◯	81	67	◯	58	11	◯	11
53	◯	53	34	◯	57	48	◯	60

Am Spieltisch

Vier Kinder spielen zusammen. Wer sieht was?
Schreibe die Namen unter die Ansichten.

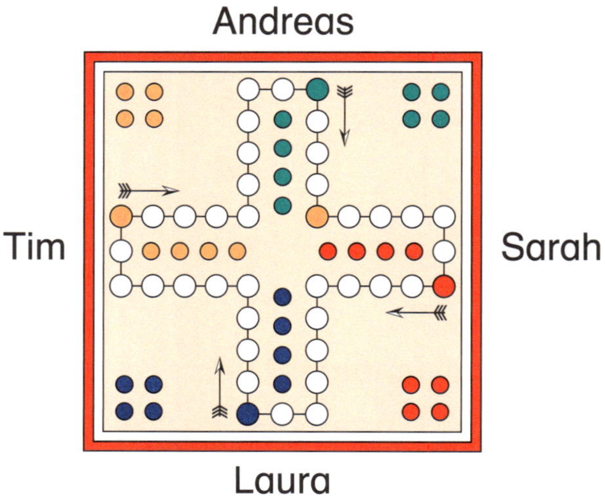

Autobau

Andreas baut ein Spielzeugauto.
Bringe die Bilder in die richtige Reihenfolge.

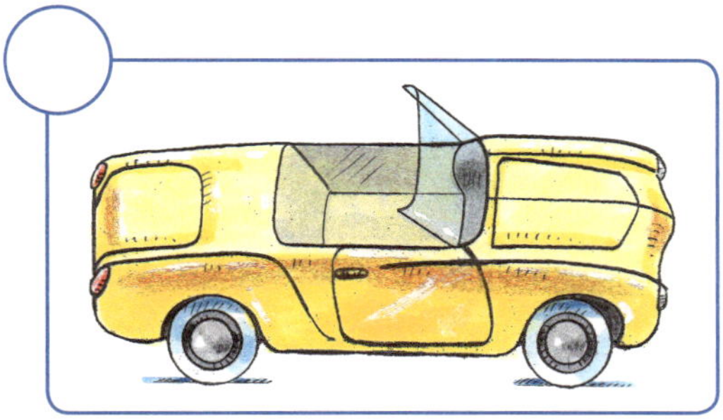

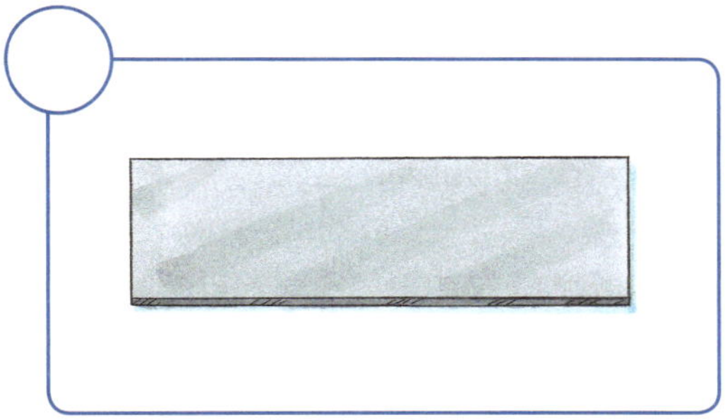

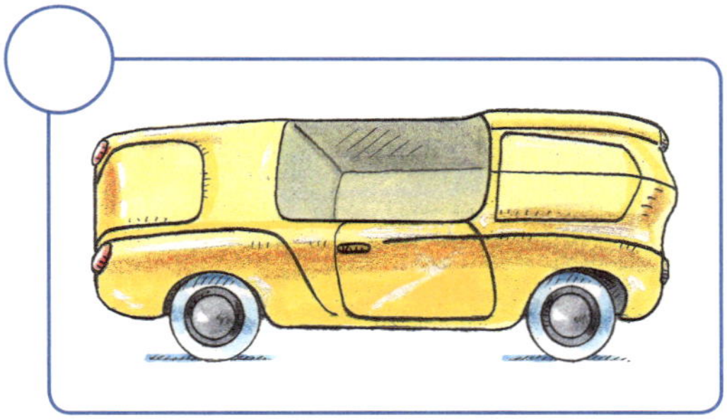

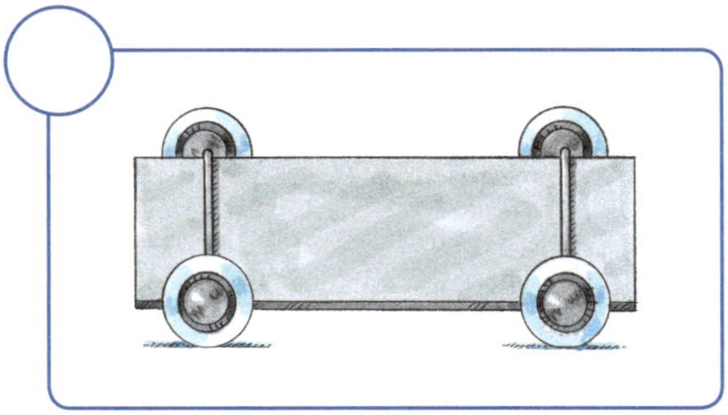

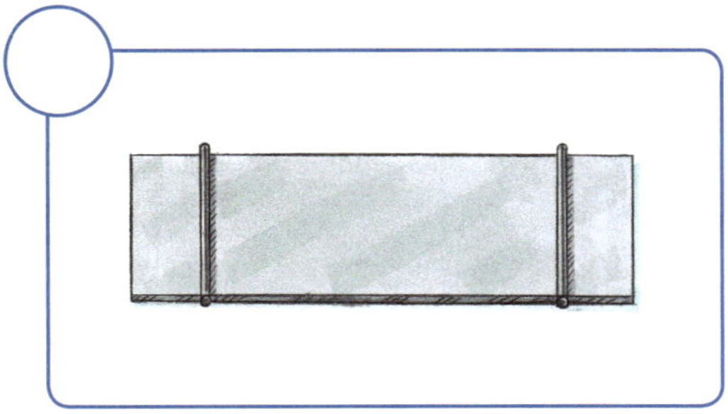

① Rechnen mit Zehnerzahlen

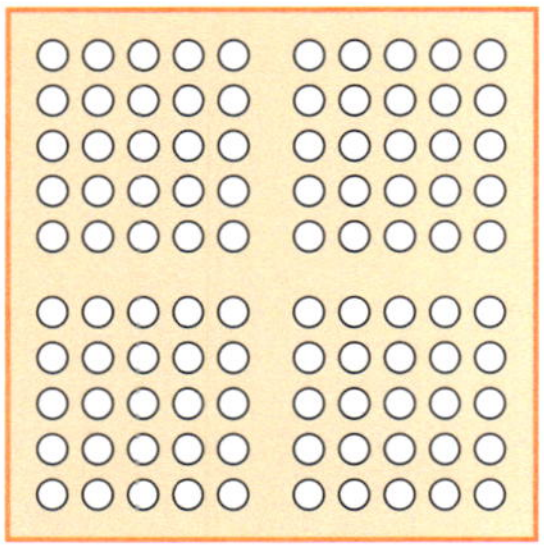

a)
30 + 40 = ___
20 + 70 = ___
50 + 10 = ___
80 + 20 = ___

b)
100 – 50 = ___
100 – 20 = ___
100 – 40 = ___
80 – 30 = ___

c)
50 + ___ = 100
90 + ___ = 100
20 + ___ = 100
60 + ___ = 100

d)
100 – ___ = 30
100 – ___ = 90
100 – ___ = 60
100 – ___ = 80

② Zehner und Einer

a)
40 + 3 = ___
40 + 7 = ___
60 + 2 = ___
60 + 1 = ___

b)
90 + 9 = ___
90 + 5 = ___
30 + 6 = ___
30 + 2 = ___

c)
34 – ___ = 30
46 – ___ = 40
99 – ___ = 90
68 – ___ = 60

③ Rechne weiter.

a)
54 + 1 = ___
54 + 2 = ___
54 + 3 = ___
54 ___
___

b)
68 – 1 = ___
68 – 2 = ___
68 – 3 = ___
68 ___
___

c)
47 – 7 = ___
47 – 6 = ___
47 – 5 = ___
47 ___
___

④ Rechne. Trage die Ergebnisse auch in die Hundertertafel ein.

1	2	3	4	5	6	7	8	9	10
									20
									30
				35			38		40
41									50
		53							60
		63							70
					76				80
			84						90
									100

53 + 10 = 63
53 – 10 = ___

41 + 10 = ___
41 – 10 = ___

35 + 20 = ___
35 – 20 = ___

84 + 10 = ___
84 – 10 = ___

38 + 20 = ___
38 – 20 = ___

76 + 20 = ___
76 – 20 = ___

⑤ Setze die Reihen fort.

35 + 10 = ___
35 + 20 = ___
35 + 30 = ___
35 + 40 = ___
___
___

76 – 10 = ___
76 – 20 = ___
76 – 30 = ___
76 – 40 = ___
___
___

59 + 10 = ___
59 – 10 = ___
59 + 20 = ___
59 – 20 = ___
___
___

① Färbe und rechne.

a)

6 + 3 = ___

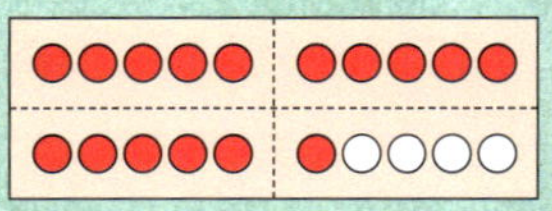

16 + 3 = ___

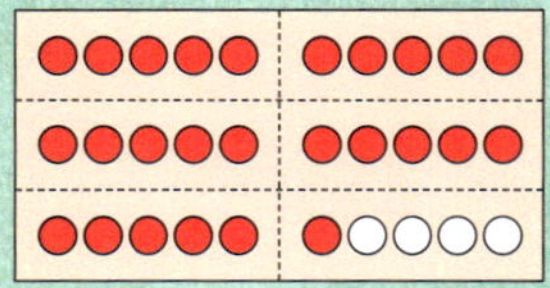

26 + 3 = ___

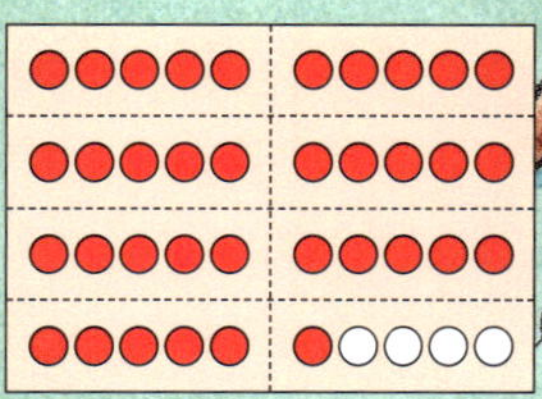

36 + 3 = ___

46 + 3 = ___

56 + 3 = ___

66 + 3 = ___

76 + 3 = ___

b)

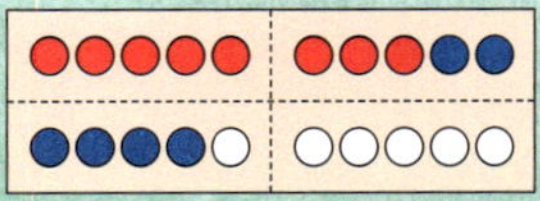

8 + 6 = ___

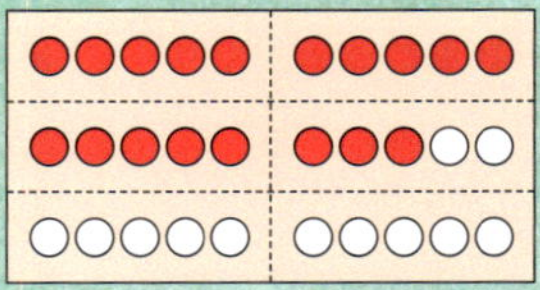

18 + 6 = ___

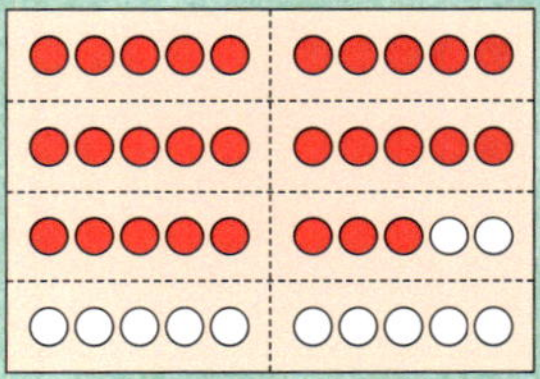

28 + 6 = ___

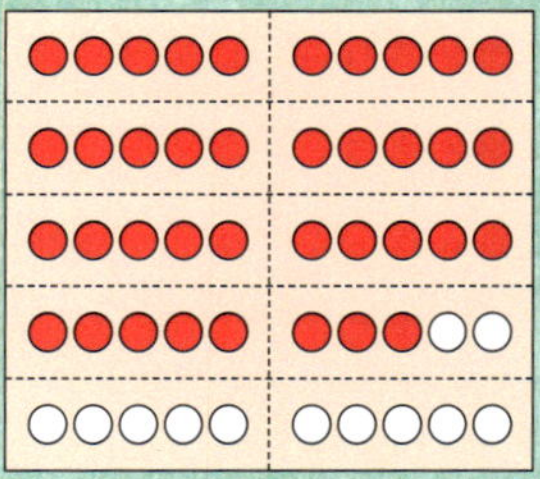

38 + 6 = ___

48 + 6 = ___

58 + 6 = ___

68 + 6 = ___

78 + 6 = ___

② **Streiche weg und rechne.**

a)

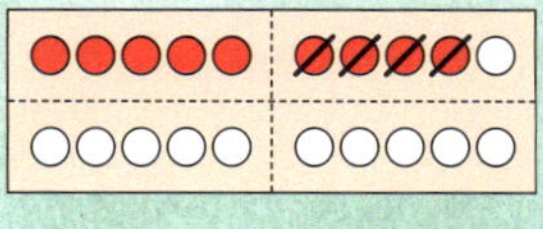

9 – 4 = ___

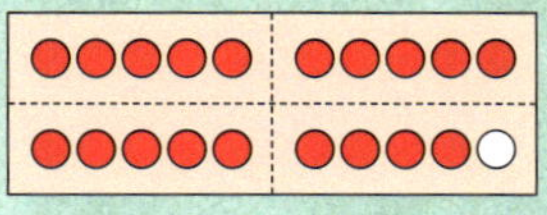

19 – 4 = ___

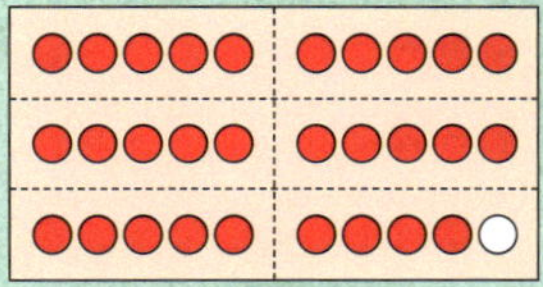

29 – 4 = ___

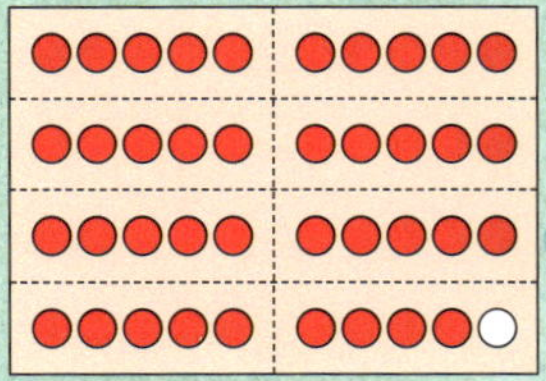

39 – 4 = ___

49 – 4 = ___

59 – 4 = ___

69 – 4 = ___

79 – 4 = ___

b)

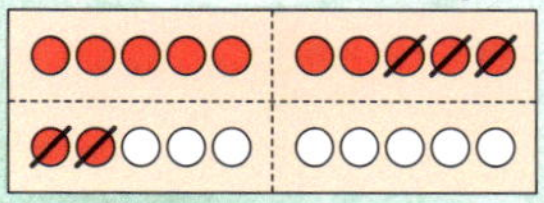

12 – 5 = ___

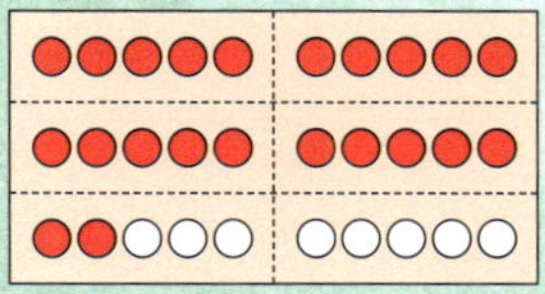

22 – 5 = ___

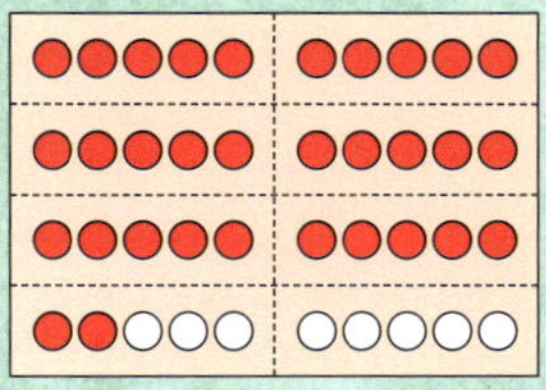

32 – 5 = ___

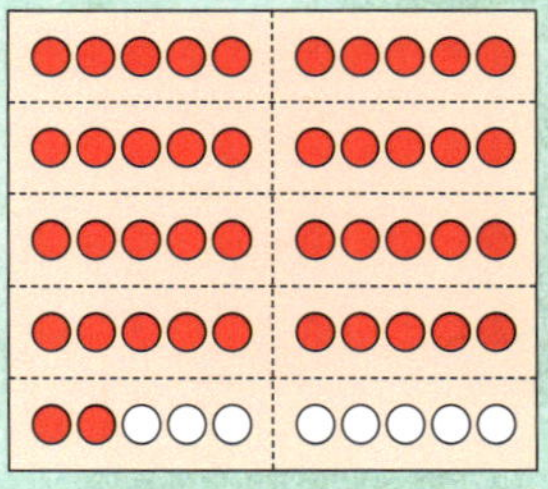

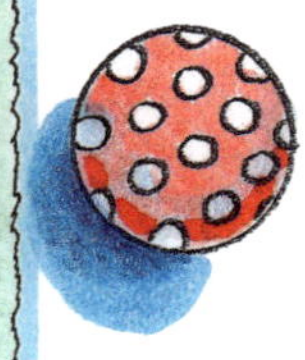

42 – 5 = ___

52 – 5 = ___

62 – 5 = ___

72 – 5 = ___

82 – 5 = ___

1

+	6	16	36
22	28		
31			
43			
54			

+	21	22	23
3			
13			
23			
33			

2

3

4

–	4	24	34
98	94		
86			
77			
69			

–	33	34	35
99			
89			
79			
69			

5

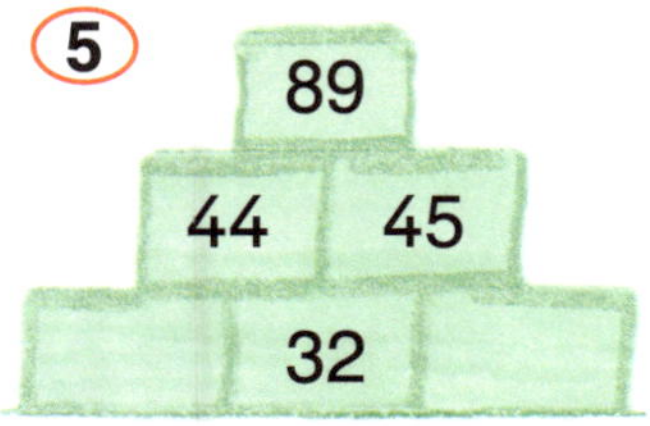

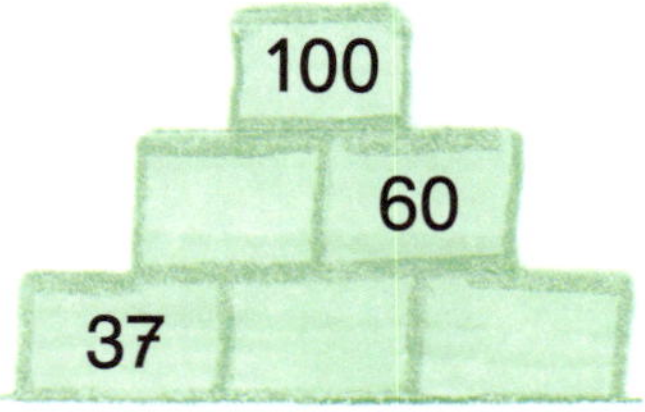

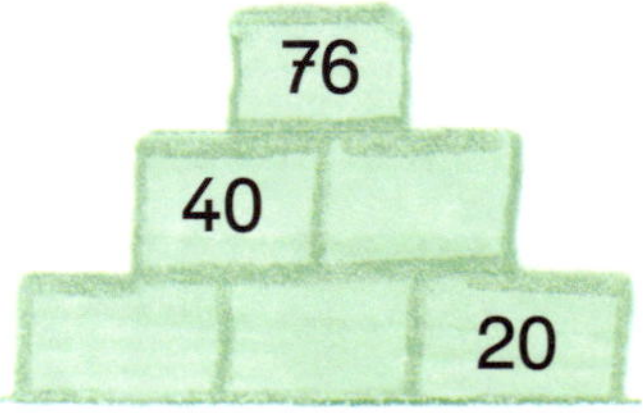

6

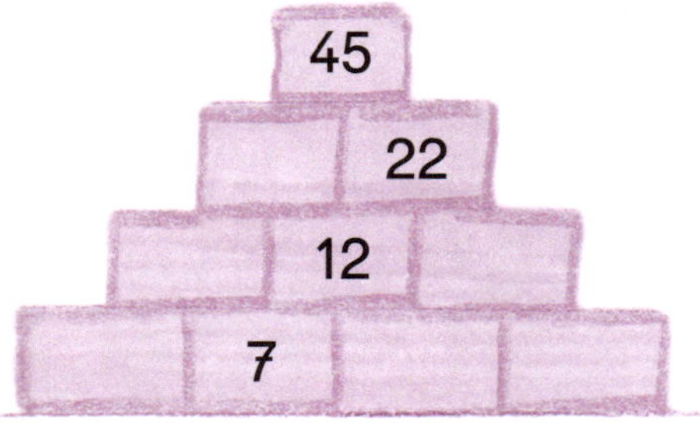

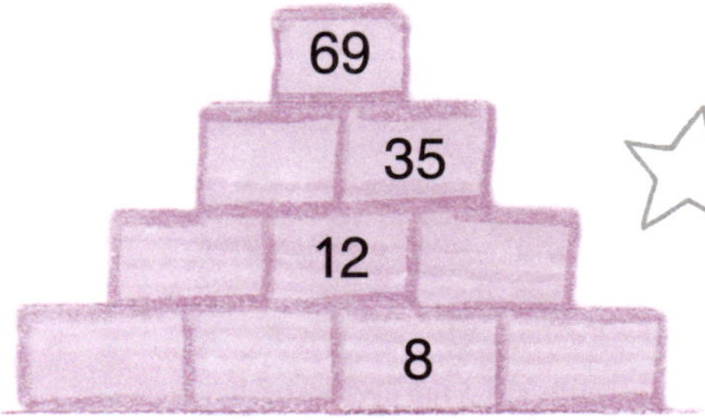

1 Setze die Reihen fort.

a)
3 + 4 = ___
13 + 4 = ___
23 + 4 = ___
33 + 4 = ___
43 + ___
53 ___

b)
7 + 6 = ___
17 + 6 = ___
27 + 6 = ___
37 + 6 = ___
47 + ___
57 ___

c)
9 + 5 = ___
19 + 5 = ___
29 + 5 = ___
39 + 5 = ___
49 + ___
59 ___

2 Rechne auch hier weiter.

a)
8 – 5 = ___
18 – 5 = ___
28 – 5 = ___
38 – 5 = ___
48 – ___
58 ___

b)
11 – 3 = ___
21 – 3 = ___
31 – 3 = ___
41 – 3 = ___
51 – ___
61 ___

c)
15 – 8 = ___
25 – 8 = ___
35 – 8 = ___
45 – 8 = ___
55 – ___
65 ___

③ Welche Stelle ändert sich?
Kennzeichne sie mit einem Punkt. Rechne.

a) 23 + 40 = 63	45 + 3 = ___	61 + 22 = ___
23 + 4 = 27	45 + 30 = ___	61 + 20 = ___
23 + 44 = ___	45 + 33 = ___	61 + 2 = ___
57 + 11 = ___	72 + 20 = ___	34 + 5 = ___
57 + 10 = ___	72 + 2 = ___	34 + 55 = ___
57 + 1 = ___	72 + 22 = ___	34 + 50 = ___

b) 86 – 60 = ___	99 – 7 = ___	48 – 33 = ___
86 – 66 = ___	99 – 70 = ___	48 – 3 = ___
86 – 6 = ___	99 – 77 = ___	48 – 30 = ___
67 – 5 = ___	55 – 40 = ___	36 – 22 = ___
67 – 50 = ___	55 – 4 = ___	36 – 20 = ___
67 – 55 = ___	55 – 44 = ___	36 – 2 = ___

① **Wie rechnest du?** 45 + 37 = ___

So?	Oder so?	Oder so?
40 + 30 = 70	45 + 30 = 75	45 + 7 = 52
5 + 7 = 12	75 + 7 = ___	52 + 30 = ___
70 + 12 = ___		

Rechne auf deinem Weg.

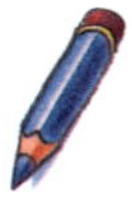

28 + 34 = ___

33 + 59 = ___

67 + 26 = ___

74 + 18 = ___

35 + 29 = ___

59 + 37 = ___

47 + 45 = ___

58 + 24 = ___

Lösungen Mathe-Stars 2 Grundwissen

(zum Heraustrennen die mittlere Klammer lösen)

Plus und minus bis 10

①
5 + 1 = 6
7 + 2 = 9
6 + 3 = 9

4 + 5 = 9
3 + 4 = 7
2 + 1 = 3

6 + 2 = 8
7 + 3 = 10
8 + 1 = 9

②
5 − 2 = 3
6 − 3 = 3
9 − 2 = 7

9 − 6 = 3
7 − 4 = 3
8 − 5 = 3

10 − 2 = 8
10 − 5 = 5
10 − 7 = 3

③ **Vorwärts und rückwärts**

a)
4, 5, 6, 7, 8, 9
0, 2, 4, 6, 8, 10

b)
5, 4, 3, 2, 1, 0
10, 8, 6, 4, 2, 0

④ **Verbinde.**

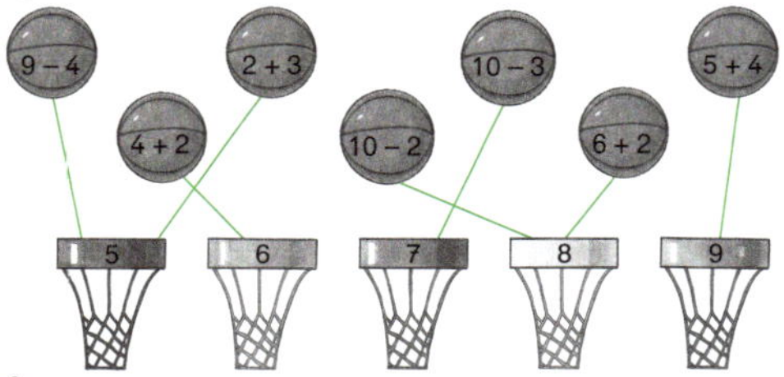

⑤

7	
3	4
1	6
5	2
7	0

8	
5	3
6	2
4	4
1	7

9	
7	2
3	6
5	4
8	1

10	
5	5
8	2
7	3
6	4

⑥

9
3 6
1 2 4

7
4 3
3 1 2

7
3 4
2 1 3

⑦

10
7 3
5 2 1

10
6 4
3 3 1

10
5 5
3 2 3

10
2 8
1 1 7

10
4 6
2 2 4

10
3 7
0 3 4

Verwandte Aufgaben ⊕

① **Zeichne und rechne.**

5 + 3 = 8
15 + 3 = 18

4 + 2 = 6
14 + 2 = 16

6 + 4 = 10
16 + 4 = 20

3 + 6 = 9
13 + 6 = 19

1 + 8 = 9
11 + 8 = 19

2 + 5 = 7
12 + 5 = 17

② **Rechne.**

5 + 4 = 9
15 + 4 = 19

6 + 2 = 8
16 + 2 = 18

3 + 4 = 7
13 + 4 = 17

4 + 5 = 9
14 + 5 = 19

7 + 3 = 10
17 + 3 = 20

8 + 2 = 10
18 + 2 = 20

Verwandte Aufgaben ⊖

① **Zeichne und rechne.**

7 − 5 = 2
17 − 5 = 12

8 − 3 = 5
18 − 3 = 15

6 − 6 = 0
16 − 6 = 10

9 − 6 = 3
19 − 6 = 13

8 − 5 = 3
18 − 5 = 13

7 − 4 = 3
17 − 4 = 13

② **Rechne.**

6 − 3 = 3
16 − 3 = 13

5 − 2 = 3
15 − 2 = 13

4 − 3 = 1
14 − 3 = 11

9 − 5 = 4
19 − 5 = 14

8 − 4 = 4
18 − 4 = 14

7 − 6 = 1
17 − 6 = 11

1 **Zeichne und rechne.**

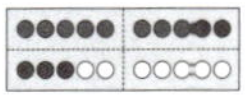
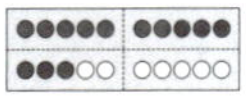

8 + 5 = 13	7 + 6 = 13	5 + 9 = 14
8 + 2 + 3 = 13	7 + 3 + 3 = 13	5 + 5 + 4 = 14

2 **Bis zur 10 und dann weiter**

4 + 8 = 12	9 + 3 = 12	7 + 7 = 14
4 + 6 + 2 = 12	9 + 1 + 2 = 12	7 + 3 + 4 = 14
6 + 5 = 11	8 + 7 = 15	2 + 9 = 11
6 + 4 + 1 = 11	8 + 2 + 5 = 15	2 + 8 + 1 = 11
7 + 6 = 13	5 + 9 = 14	8 + 8 = 16
7 + 3 + 3 = 13	5 + 5 + 4 = 14	8 + 2 + 6 = 16

3

13	
5	8
9	4
8	5
6	7

16	
9	7
8	8
7	9
6	10

14	
6	8
5	9
8	6
7	7

4 **Streiche durch und rechne.**

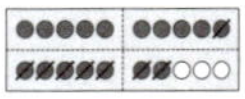
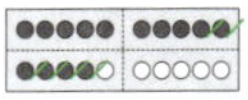
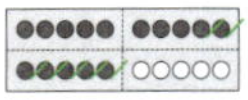

17 − 8 = 9	14 − 6 = 8	15 − 7 = 8
17 − 7 − 1 = 9	14 − 4 − 2 = 8	15 − 5 − 2 = 8

5 **Rechne.**

18 − 9 = 9	11 − 6 = 5	13 − 4 = 9
18 − 8 − 1 = 9	11 − 1 − 5 = 5	13 − 3 − 1 = 9
12 − 6 = 6	15 − 8 = 7	16 − 7 = 9
12 − 2 − 4 = 6	15 − 5 − 3 = 7	16 − 6 − 1 = 9
17 − 9 = 8	14 − 9 = 5	13 − 6 = 7
17 − 7 − 2 = 8	14 − 4 − 5 = 5	13 − 3 − 3 = 7

6 **Rechne und ergänze die letzte Aufgabe.**

17 − 10 = 7	18 − 10 = 8	20 − 10 = 10
17 − 11 = 6	18 − 11 = 7	20 − 11 = 9
17 − 12 = 5	18 − 12 = 6	20 − 12 = 8
17 − 13 = 4	18 − 13 = 5	20 − 13 = 7
17 − 14 = 3	18 − 14 = 4	20 − 14 = 6

1 **Rechne.**

a)	b)	c)
5 + 8 = 13	17 − 8 = 9	20 − 13 = 7
12 + 6 = 18	11 − 5 = 6	11 + 9 = 20
9 + 7 = 16	12 − 6 = 6	17 − 8 = 9
7 + 8 = 15	20 − 12 = 8	5 + 12 = 17
6 + 9 = 15	19 − 13 = 6	20 − 16 = 4
11 + 5 = 16	17 − 14 = 3	0 + 18 = 18
13 + 4 = 17	13 − 8 = 5	20 − 0 = 20

2

+	3	4	5
5	8	9	10
15	18	19	20

−	2	4	5
6	4	2	1
16	14	12	11

3 **Rechenmauern bis 20**

17
9 8
4 5 3

20
9 11
2 7 4

17
5 12
2 3 9

14
9 5
6 3 2

17
12 5
8 4 1

20
10 10
6 4 6

4

Zahl	4	2	5	7	8	6	9
Das Doppelte	8	4	10	14	16	12	18

Zahl	18	12	8	10	14	16	20
Die Hälfte	9	6	4	5	7	8	10

5 **Rechendreiecke**

10 | 7 | 12 — 3 | 5 — 8

14 | 8 | 15 — 6 | 7 — 13

12 | 4 | 13 — 8 | 9 — 17

13 | 6 | 14 — 7 | 8 — 15

12 | 5 | 14 — 7 | 9 — 16

18 | 9 | 17 — 9 | 8 — 17

6 **Kleine Knobelei**

14 | 5 | 11 — 9 | 6 — 15

12 | 8 | 17 — 4 | 9 — 13

15 | 7 | 13 — 8 | 6 — 14

Im Parkhaus

Färbe das passende Auto in der richtigen Farbe.

Welches Auto  parkt über ?

Was siehst du rechts von  ?

Was siehst du links von  ?

Was siehst du vor  ?

1 Zehner

a) Wie viele sind es?

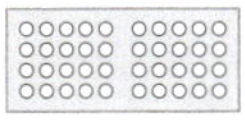

4 Z

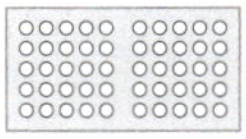

5 Z

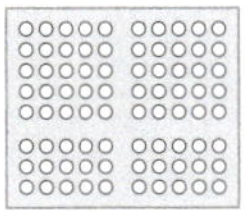

8 Z

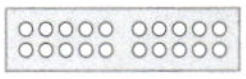

2 Z

b) Wie viele sind es?

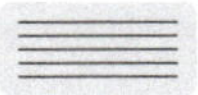 5Z = 50

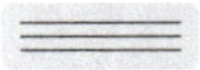 3 Z = 30

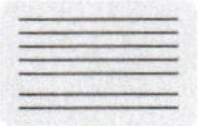 7 Z = 70

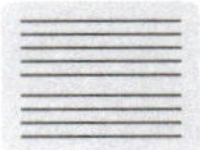 9 Z = 90

c) Verbinde die Zehnerzahlen in der richtigen Reihenfolge.

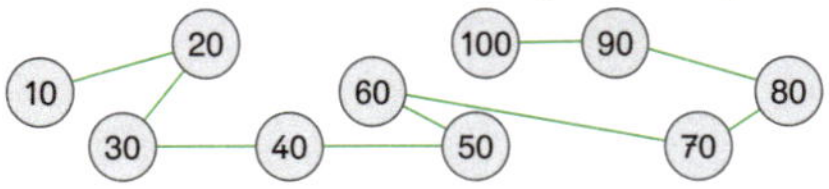

2 Zehner und Einer

a) Wie viele sind es?

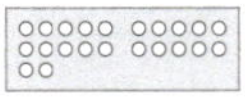

2 Z 2 E

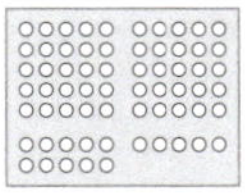

6 Z 5 E

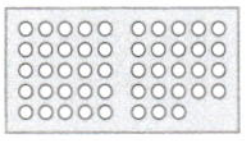

4 Z 8 E

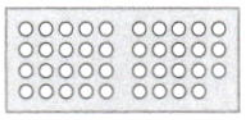

3 Z 9 E

b) Wie viele sind es?

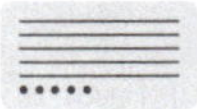

5Z 5E = 55

4 Z 7 E = 47

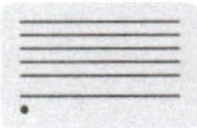

6 Z 1 E = 61

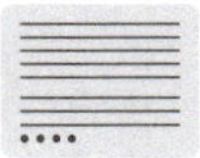

8 Z 4 E = 84

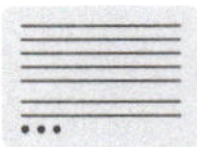

7 Z 3 E = 73

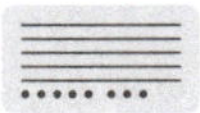

5 Z 8 E = 58

1 Verbinde die Zahlen in der richtigen Reihenfolge.

a) von 1 bis 33 b) von 50 bis 87

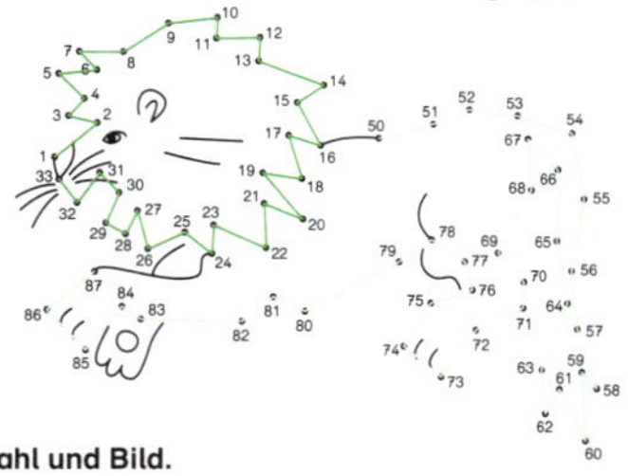

2 Verbinde Zahl und Bild.

a) 52 44 13 32 28

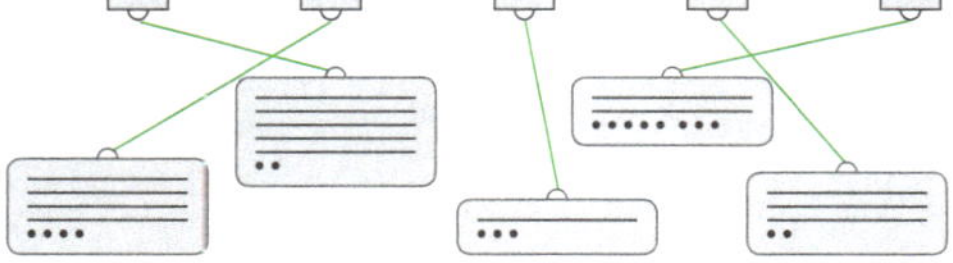

b) 54 45 63 36

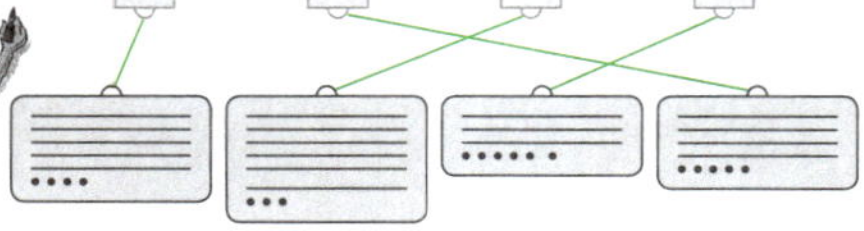

1 Welche Zahlen sind dargestellt?

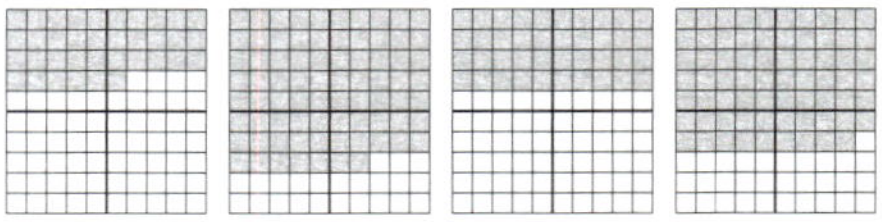

36 77 40 69

2 Färbe.

3 Meine Zahl hat …

… 6 Z und 5 E. … 4 Z und 8 E.

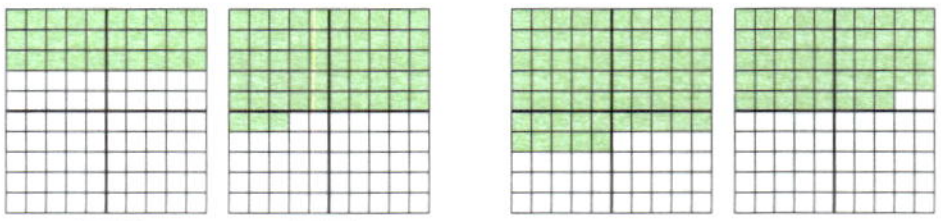

30 53 65 48

4 Pass gut auf!

4 Z und 1 E 4 E und 1 Z 5 E und 3 Z 3 Z und 5 E

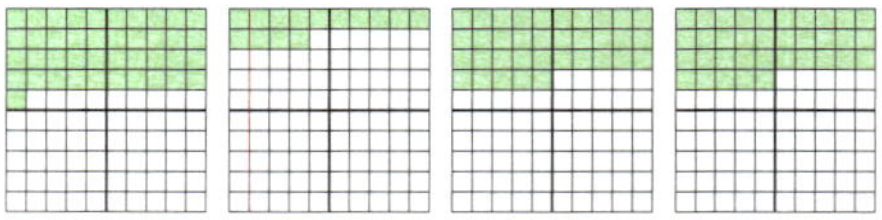

41 14 35 35

1 Trage alle fehlenden Zahlen ein.

1	2	3	4	5	6	7	8	9	10
11	12	13	14	15	16	17	18	19	20
21	22	23	24	25	26	27	28	29	30
31	32	33	34	35	36	37	38	39	40
41	42	43	44	45	46	47	48	49	50
51	52	53	54	55	56	57	58	59	60
61	62	63	64	65	66	67	68	69	70
71	72	73	74	75	76	77	78	79	80
81	82	83	84	85	86	87	88	89	90
91	92	93	94	95	96	97	98	99	100

2 Färbe:

- Zehnerzahlen gelb
- Zahlen mit 8 Einern rot

3 Ergänze die Sätze.

Setze ein:

die Einer | die Zehner | am Ende der Zeile | untereinander

a) In der Hundertertafel stehen

- alle Zahlen mit 8 Einern untereinander.
- alle Zehnerzahlen am Ende der Zeile.

b) Wenn du in der Tabelle nach rechts oder links wanderst, verändern sich die Einer.

c) Wenn du in der Tabelle nach oben oder unten wanderst, verändern sich die Zehner.

4 Ergänze die Ausschnitte aus der Hundertertafel.

35	
45	
55	
65	

22	23	24

74	75
84	
94	

32	33
42	43

86	87	88

36	37	38
		48
	57	58
	67	

44	45	46	47
		56	
		66	

53	54	
	64	65

67	68	69
77	78	79
87	88	89

52	53	54
62	63	64
72	73	74

5 Rechenrätsel: Wie heißt die Zahl aus der Hundertertafel?

a) Meine Zahl steht in der letzten Zeile und eine Ziffer ist die 2: 92

b) Meine Zahl besteht aus einer 4 und einer 6: 46 oder 64

c) Meine Zahl steht zwischen 50 und 60 und hat zwei gleiche Ziffern: 55

d) Meine Zahl ist die größte Zahl auf der Tafel: 100

1 Trage alle Zehnerzahlen ein.

0 10 20 30 40 50 60 70 80 90 100

2 Trage alle Zahlen mit 5 Einern ein.

0 5 10 15 20 25 30 35 40 45 50 55 60 65 70 75 80 85 90 95 100

3 Zähle in 5er-Schritten vorwärts ...

a) 5, 10, 15, 20, 25, 30, 35, 40, 45

c) 30, 35, 40, 45, 50, 55, 60, 65, 70

e) 60, 65, 70, 75, 80, 85, 90, 95, 100

... und rückwärts

b) 65, 60, 55, 50, 45, 40, 35, 30, 25

d) 40, 35, 30, 25, 20, 15, 10, 5, 0

f) 85, 80, 75, 70, 65, 60, 55, 50, 45

4 a) Verbinde.

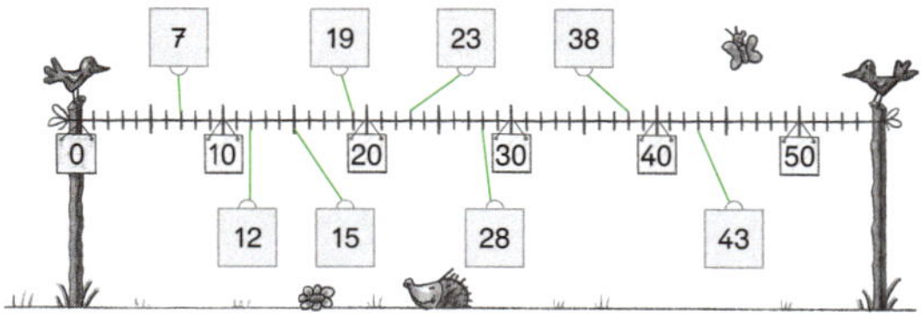

b) Wie heißen die Zahlen?

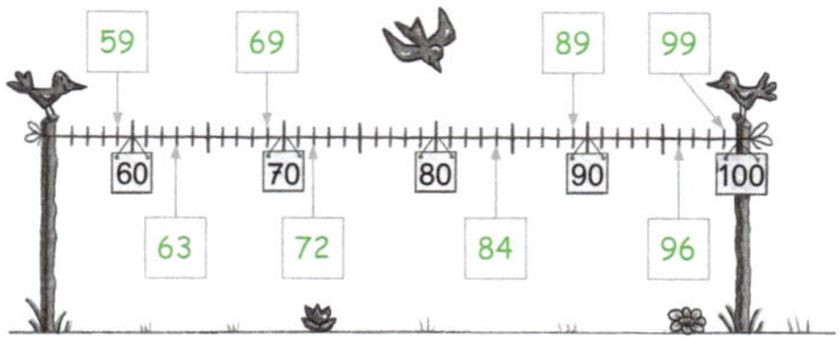

1 Ordne die Zahlen der Größe nach.

65, ~~61~~, 69, 63, 67 → 61, 63, 65, 67, 69

17, 47, 77, 57, 27 → 17, 27, 47, 57, 77

46, 94, 100, 35, 87 → 35, 46, 87, 94, 100

49, 91, 78, 15, 62 → 15, 49, 62, 78, 91

2 Nachbarzahlen

a) Welche Zahl steht dazwischen?

35 36 37	45 46 47	23 24 25
73 74 75	67 68 69	56 57 58
94 95 96	13 14 15	98 99 100

b) Welche Zahlen stehen davor und dahinter?

Vorgänger	Zahl	Nachfolger
45	46	47
32	33	34
28	29	30
15	16	17

Vorgänger	Zahl	Nachfolger
66	67	68
55	56	57
77	78	79
96	97	98

3 Nachbarzehner

Zwischen welchen Zehnern stehen die Zahlen?

60	64	70	90	92	100	50	51	60
70	73	80	60	68	70	30	34	40
40	49	50	30	35	40	20	28	30
10	16	20	80	88	90	90	96	100

4 Rechne bis zum Nachbarzehner.

64 + 6 = 70	83 + 7 = 90	47 + 3 = 50
64 – 4 = 60	83 – 3 = 80	47 – 7 = 40

78 + 2 = 80	52 + 8 = 60	31 + 9 = 40
78 – 8 = 70	52 – 2 = 50	31 – 1 = 30

5 Vergleiche: > < =

26 < 79	82 > 51	74 = 74
65 > 17	99 < 100	70 < 90
80 < 81	67 > 58	11 = 11
53 = 53	34 < 57	48 < 60

Am Spieltisch

Vier Kinder spielen zusammen. Wer sieht was?
Schreibe die Namen unter die Ansichten.

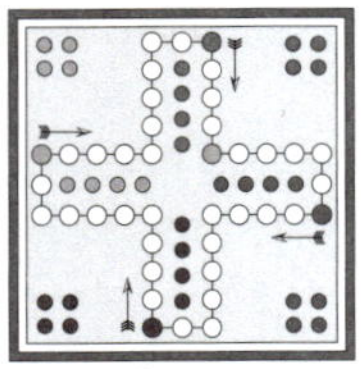

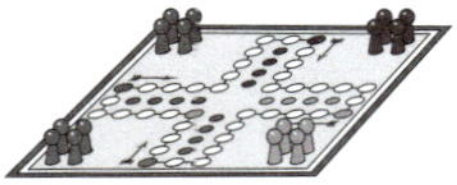

Andreas

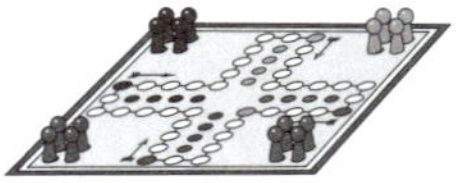

Sarah

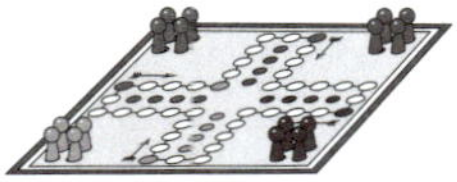

Tim

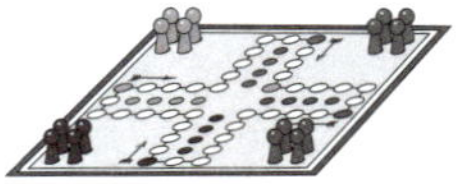

Laura

Autobau

Andreas baut ein Spielzeugauto.
Bringe die Bilder in die richtige Reihenfolge.

5 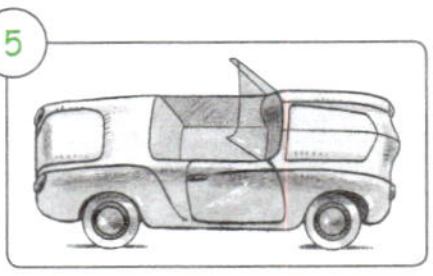

8 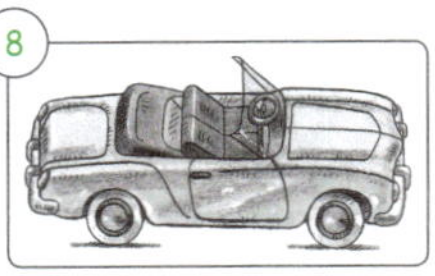

1 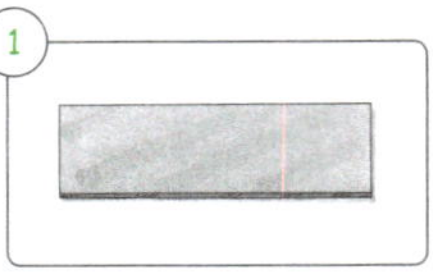

4 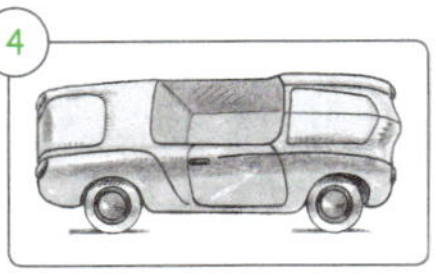

6 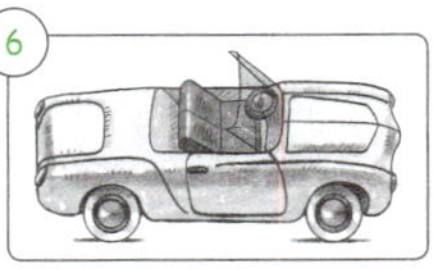

3 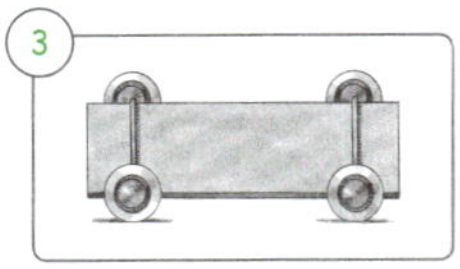

2 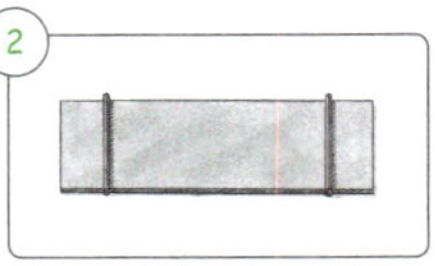

7 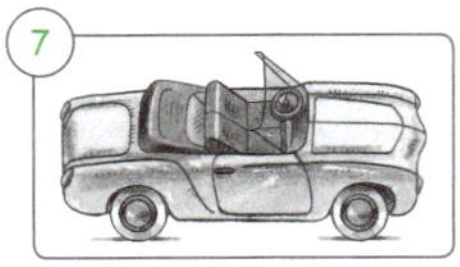

① Rechnen mit Zehnerzahlen

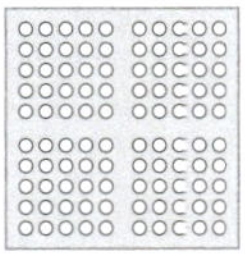

a)
30 + 40 = 70
20 + 70 = 90
50 + 10 = 60
80 + 20 = 100

b)
100 – 50 = 50
100 – 20 = 80
100 – 40 = 60
80 – 30 = 50

c)
50 + 50 = 100
90 + 10 = 100
20 + 80 = 100
60 + 40 = 100

d)
100 – 70 = 30
100 – 10 = 90
100 – 40 = 60
100 – 20 = 80

② Zehner und Einer

a)
40 + 3 = 43
40 + 7 = 47
60 + 2 = 62
60 + 1 = 61

b)
90 + 9 = 99
90 + 5 = 95
30 + 6 = 36
30 + 2 = 32

c)
34 – 4 = 30
46 – 6 = 40
99 – 9 = 90
68 – 8 = 60

③ Rechne weiter.

a)
54 + 1 = 55
54 + 2 = 56
54 + 3 = 57
54 + 4 = 58
54 + 5 = 59

b)
68 – 1 = 67
68 – 2 = 66
68 – 3 = 65
68 – 4 = 64
68 – 5 = 63

c)
47 – 7 = 40
47 – 6 = 41
47 – 5 = 42
47 – 4 = 43
47 – 3 = 44

④ Rechne. Trage die Ergebnisse auch in die Hundertertafel ein.

1	2	3	4	5	6	7	8	9	10
				15			18		20
									30
31				35			38		40
41		43							50
51		53		55	56		58		60
		63							70
			74		76				80
			84						90
			94		96				100

53 + 10 = 63
53 – 10 = 43

41 + 10 = 51
41 – 10 = 31

35 + 20 = 55
35 – 20 = 15

84 + 10 = 94
84 – 10 = 74

38 + 20 = 58
38 – 20 = 18

76 + 20 = 96
76 – 20 = 56

⑤ Setze die Reihen fort.

35 + 10 = 45
35 + 20 = 55
35 + 30 = 65
35 + 40 = 75
35 + 50 = 85
35 + 60 = 95

76 – 10 = 66
76 – 20 = 56
76 – 30 = 46
76 – 40 = 36
76 - 50 = 26
76 - 60 = 16

59 + 10 = 69
59 – 10 = 49
59 + 20 = 79
59 – 20 = 39
59 + 30 = 89
59 - 30 = 29

① **Färbe und rechne.**

a)

6 + 3 = 9

16 + 3 = 19

26 + 3 = 29

36 + 3 = 39

46 + 3 = 49

56 + 3 = 59

66 + 3 = 69

76 + 3 = 79

b)

8 + 6 = 14

18 + 6 = 24

28 + 6 = 34

38 + 6 = 44

48 + 6 = 54

58 + 6 = 64

68 + 6 = 74

78 + 6 = 84

② **Streiche weg und rechne.**

a)

9 − 4 = 5

19 − 4 = 15

29 − 4 = 25

39 − 4 = 35

49 − 4 = 45

59 − 4 = 55

69 − 4 = 65

79 − 4 = 75

b)

12 − 5 = 7

22 − 5 = 17

32 − 5 = 27

42 − 5 = 37

52 − 5 = 47

62 − 5 = 57

72 − 5 = 67

82 − 5 = 77

①

+	6	16	36
22	28	38	58
31	37	47	67
43	49	59	79
54	60	70	90

+	21	22	23
3	24	25	26
13	34	35	36
23	44	45	46
33	54	55	56

②

80
35 45
22 13 32

89
34 55
11 23 32

99
53 46
21 32 14

100
60 40
36 24 16

69
30 39
15 15 24

③

46
25 21
15 10 11
10 5 5 6

60
30 30
20 10 20
18 2 8 12

④

−	4	24	34
98	94	74	64
86	82	62	52
77	73	53	43
69	65	45	35

−	33	34	35
99	66	65	64
89	56	55	54
79	46	45	44
69	36	35	34

⑤

89
44 45
12 32 13

78
53 25
41 12 13

39
19 20
12 7 13

100
40 60
37 3 57

76
40 36
24 16 20

⑥

45
23 22
11 12 10
4 7 5 5

69
34 35
22 12 23
18 4 8 15

① **Setze die Reihen fort.**

a)	b)	c)
3 + 4 = 7	7 + 6 = 13	9 + 5 = 14
13 + 4 = 17	17 + 6 = 23	19 + 5 = 24
23 + 4 = 27	27 + 6 = 33	29 + 5 = 34
33 + 4 = 37	37 + 6 = 43	39 + 5 = 44
43 + 4 = 47	47 + 6 = 53	49 + 5 = 54
53 + 4 = 57	57 + 6 = 63	59 + 5 = 64
63 + 4 = 67	67 + 6 = 73	69 + 5 = 74
73 + 4 = 77	77 + 6 = 83	79 + 5 = 84
83 + 4 = 87	87 + 6 = 93	89 + 5 = 94

② **Rechne auch hier weiter.**

a)	b)	c)
8 – 5 = 3	11 – 3 = 8	15 – 8 = 7
18 – 5 = 13	21 – 3 = 18	25 – 8 = 17
28 – 5 = 23	31 – 3 = 28	35 – 8 = 27
38 – 5 = 33	41 – 3 = 38	45 – 8 = 37
48 – 5 = 43	51 – 3 = 48	55 – 8 = 47
58 – 5 = 53	61 – 3 = 58	65 – 8 = 57
68 – 5 = 63	71 – 3 = 68	75 – 8 = 67
78 – 5 = 73	81 – 3 = 78	85 – 8 = 77
88 – 5 = 83	91 – 3 = 88	95 – 8 = 87

③ **Welche Stelle ändert sich?**
Kennzeichne sie mit einem Punkt. Rechne.

Wenn ich die 2 Zehner dazugebe, dann ändert sich die Z-Stelle.

37 + 20 = 57
37 + 2 = 39
37 + 22 =

Wenn ich die 2 Einer dazugebe, dann ändert sich die E-Stelle.

...und wenn ich Z und E dazugebe,...

a)		
23 + 40 = 63	45 + 3 = 48	61 + 22 = 83
23 + 4 = 27	45 + 30 = 75	61 + 20 = 81
23 + 44 = 67	45 + 33 = 78	61 + 2 = 63
57 + 11 = 68	72 + 20 = 92	34 + 5 = 39
57 + 10 = 67	72 + 2 = 74	34 + 55 = 89
57 + 1 = 58	72 + 22 = 94	34 + 50 = 84

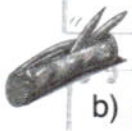

b)		
86 – 60 = 26	99 – 7 = 92	48 – 33 = 15
86 – 66 = 20	99 – 70 = 29	48 – 3 = 45
86 – 6 = 80	99 – 77 = 22	48 – 30 = 18
67 – 5 = 62	55 – 40 = 15	36 – 22 = 14
67 – 50 = 17	55 – 4 = 51	36 – 20 = 16
67 – 55 = 12	55 – 44 = 11	36 – 2 = 34

① **Wie rechnest du?** 45 + 37 = 82

So?	Oder so?	Oder so?
40 + 30 = 70	45 + 30 = 75	45 + 7 = 52
5 + 7 = 12	75 + 7 = 82	52 + 30 = 82
70 + 12 = 82		

Rechne auf deinem Weg.

28 + 34 = 62 | 33 + 59 = 92

67 + 26 = 93 | 74 + 18 = 92

35 + 29 = 64 | 59 + 37 = 96

47 + 45 = 92 | 58 + 24 = 82

Schnell und sicher!

② **Mit dem Rechenstrich geht es schneller.**

37 + 25 = 62

+20 +5
37 57 62

Löse die Aufgabe zuerst am Rechenstrich, trage dann das Ergebnis in die Rechnung ein.

a) 53 + 28 = 81
+20 +8
53 73 81

b) 19 + 44 = 63
+40 +4
19 59 63

c) 75 + 17 = 92
+10 +7
75 85 92

d) 47 + 36 = 83
+30 +6
47 77 83

e) 24 + 29 = 53
+20 +9
24 44 53

f) 66 + 18 = 84
+10 +8
66 76 84

③ **Kleine Knobelei: Ergänze.**

a) 56 + 28 = 84
+20 +8
56 76 84

b) 45 + 46 = 91
+40 +6
45 85 91

① **Wie rechnest du?** 73 – 28 = 45

So?	Oder so?	Oder so?
73 – 20 = 53	73 – 8 = 65	73 – 30 = 43
53 – 8 = 45	65 – 20 = 45	43 + 2 = 45

Rechne auf deinem Weg.

42 – 17 = 25

65 – 36 = 29

51 – 26 = 25

34 – 18 = 16

96 – 29 = 67

85 – 57 = 28

43 – 25 = 18

100 – 88 = 12

② **Minusaufgaben mit dem Rechenstrich lösen.**

82 – 36 = 46

–6 –30
46 52 82

Löse die Aufgabe zuerst am Rechenstrich, trage dann das Ergebnis in die Rechnung ein.

a) 93 – 28 = 65
–8 –20
65 73 93

b) 71 – 54 = 17
-4 –50
17 21 71

c) 84 – 67 = 17
-7 –60
17 24 84

d) 57 – 39 = 18
-9 -30
18 27 57

e) 42 – 16 = 26
-6 -10
26 32 42

f) 66 – 48 = 18
-8 -40
18 26 66

3 **Kleine Knobelei: Ergänze.**

a) 95 – 37 = 58
-7 -30
58 65 95

b) 81 – 17 = 64
-7 -10
64 71 81

①

37 + 25 = 62

63 + 23 = 86
+ 20 + 3
63 83 86

55 + 17 = 72
+ 10 + 7
55 65 72

35 + 36 = 71
+ 30 + 6
35 65 71

② **Geschickt rechnen bei Zehnernähe.**

43 + 39 = 82

55 + 28 = 83
+ 30 - 2
55 83 85

24 + 48 = 72
+ 50 - 2
24 72 74

76 + 19 = 95
+ 20 - 1
76 95 96

③

73 – 35 = 38

52 – 24 = 28
- 4 - 20
28 32 52

45 – 12 = 33
- 2 - 10
33 35 45

81 – 37 = 44
- 7 - 30
44 51 81

④ **Geschickt rechnen bei Zehnernähe.**

62 – 28 = 34

83 – 18 = 65
- 20 + 2
63 65 83

76 – 29 = 47
- 30 + 1
46 47 76

92 – 58 = 34
- 60 + 2
32 34 92

① **Male jede Aufgabe in der passenden Farbe an.**

57 + 16	48 + 26	38 + 57	44 + 38	52 + 39
grün	rot	blau	gelb	orange
63 + 19	73 + 18	59 + 14	66 + 29	38 + 36
gelb	orange	grün	blau	rot

82 74 95 73 91

② **Rechenmauern**

48
22 26
14 8 18

89
48 41
21 27 14
3 18 9 5

③ **Rechenschlangen**

25 → +29 → 54 → +17 → 71 → +23 → 94

14 → +27 → 41 → +39 → 80 → +17 → 97

18 → +23 → 41 → +26 → 67 → +25 → 92

④ **Male jede Aufgabe in der passenden Farbe an.**

64 – 27	56 – 29	72 – 18	83 – 38	65 – 39
blau	gelb	grün	rot	orange
52 – 25	92 – 66	88 – 51	75 – 21	69 – 24
gelb	orange	blau	grün	rot

37 26 54 45 27

⑤ **Rechenmauern**

93
45 48
26 19 29

84
48 36
30 18 18
21 9 9 9

⑥ **Rechenschlangen**

97 → –28 → 69 → –15 → 54 → –36 → 18

89 → –23 → 66 → –19 → 47 → –35 → 12

95 → –16 → 79 → –25 → 54 → –27 → 27

① **Setze die Muster fort.**

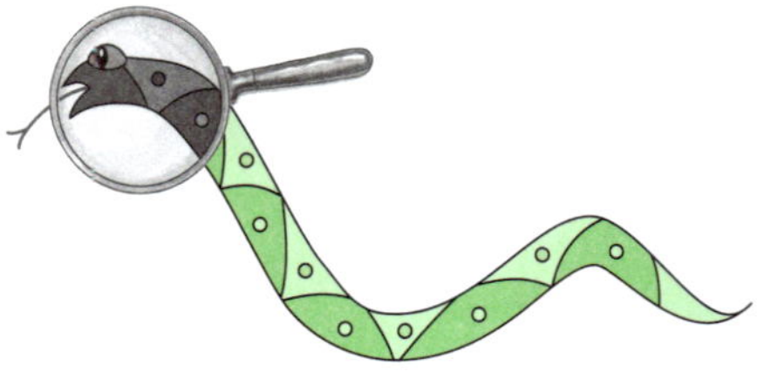

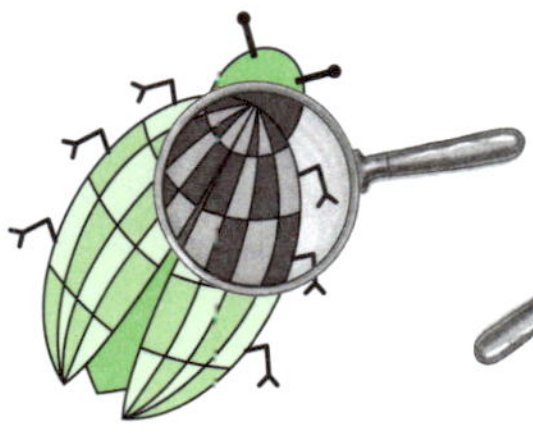

② **Setze die Muster fort.**

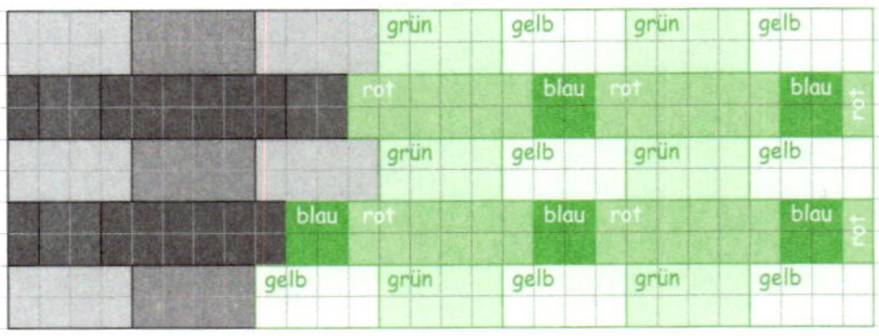

③

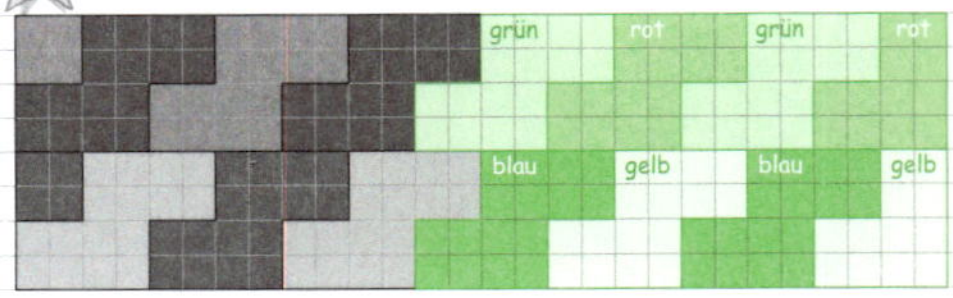

①

2 + 2 + 2 = 6

3 · 2 = 6

3 + 3 + 3 = 9

3 · 3 = 9

4 + 4 + 4 = 12

3 · 4 = 12

4 + 4 + 4 + 4 = 16

4 · 4 = 16

5 + 5 + 5 = 15

3 · 5 = 15

5 + 5 + 5 + 5 + 5 + 5 = 30

6 · 5 = 30

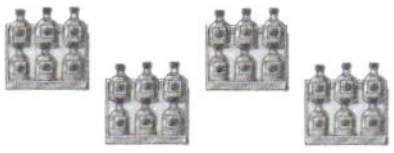

6 + 6 + 6 + 6 = 24

4 · 6 = 24

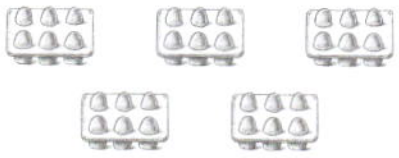

6 + 6 + 6 + 6 + 6 = 30

5 · 6 = 30

②

2 + 2 + 2 + 2 + 2 = 10

5 · 2 = 10

2 + 2 + 2 + 2 + 2 + 2 + 2 = 14

7 · 2 = 14

4 + 4 + 4 = 12

3 · 4 = 12

4 + 4 + 4 + 4 + 4 = 20

5 · 4 = 20

5 + 5 = 10

2 · 5 = 10

5 + 5 + 5 + 5 = 20

4 · 5 = 20

③ **Welcher Anhänger passt? Färbe.**

3 · 3 = 9 | grün 4 + 4 + 4 = 12

4 · 5 = 20 | rot 3 + 3 + 3 + 3 = 12

3 · 4 = 12 | blau 3 + 3 + 3 = 9

4 · 3 = 12 | gelb 5 + 5 + 5 + 5 = 20

① **Kernaufgaben und Quadrataufgaben**

·2
1·2 = 2
2·2 = 4
5·2 = 10
10·2 = 20

·4
1·4 = 4
2·4 = 8
4·4 = 16
5·4 = 20
10·4 = 40

② **Malaufgaben zusammenbauen**

3·2 = 6	
2·2 = 4	1·2 = 2

3·4 = 12	
1·4 = 4	2·4 = 8

4·2 = 8	
2·2 = 4	2·2 = 4

6·4 = 24	
5·4 = 20	1·4 = 4

6·2 = 12	
5·2 = 10	1·2 = 2

7·4 = 28	
5·4 = 20	2·4 = 8

7·2 = 14	
5·2 = 10	2·2 = 4

8·4 = 32	
4·4 = 16	4·4 = 16

③ **Kernaufgaben und Quadrataufgaben**

·8
1·8 = 8
2·8 = 16
5·8 = 40
8·8 = 64
10·8 = 80

·5
1·5 = 5
2·5 = 10
5·5 = 25
10·5 = 50

④ **Malaufgaben zusammenbauen**

3·8 = 24	
1·8 = 8	2·8 = 16

3·5 = 15	
2·5 = 10	1·5 = 5

4·8 = 32	
2·8 = 16	2·8 = 16

4·5 = 20	
2·5 = 10	2·5 = 10

6·8 = 48	
5·8 = 40	1·8 = 8

7·5 = 35	
5·5 = 25	2·5 = 10

7·8 = 56	
5·8 = 40	2·8 = 16

6·5 = 30	
5·5 = 25	1·5 = 5

① Kernaufgaben und Quadrataufgaben

· 3

1 · 3 = 3
2 · 3 = 6
3 · 3 = 9
5 · 3 = 15
10 · 3 = 30

· 6

1 · 6 = 6
2 · 6 = 12
5 · 6 = 30
6 · 6 = 36
10 · 6 = 60

② Malaufgaben zusammenbauen

4 · 3 = 12	**2** · 3 = 6	2 · 3 = 6
3 · 6 = 18	**1** · 6 = 6	2 · 6 = 12
8 · 3 = 24	5 · 3 = 15	3 · 3 = 9
4 · 6 = 24	2 · 6 = 12	2 · 6 = 12
6 · 3 = 18	5 · 3 = 15	1 · 3 = 3
7 · 6 = 42	5 · 6 = 30	2 · 6 = 12
7 · 3 = 21	5 · 3 = 15	2 · 3 = 6
8 · 6 = 48	6 · 6 = 36	2 · 6 = 12

③ Kernaufgaben und Quadrataufgaben

· 9

1 · 9 = 9
2 · 9 = 18
5 · 9 = 45
9 · 9 = 81
10 · 9 = 90

· 7

1 · 7 = 7
2 · 7 = 14
5 · 7 = 35
7 · 7 = 49
10 · 7 = 70

④ Malaufgaben zusammenbauen

3 · 9 = 27	**2** · 9 = 18	1 · 9 = 9
3 · 7 = 21	**2** · 7 = 14	1 · 7 = 7
6 · 9 = 54	5 · 9 = 45	1 · 9 = 9
4 · 7 = 28	2 · 7 = 14	2 · 7 = 14
4 · 9 = 36	2 · 9 = 18	2 · 9 = 18
6 · 7 = 42	5 · 7 = 35	1 · 7 = 7
7 · 9 = 63	5 · 9 = 45	2 · 9 = 18
8 · 7 = 56	7 · 7 = 49	1 · 7 = 7

①

2 · 3 = 6 | **3 · 3 =** 9 | 4 · 3 = 12

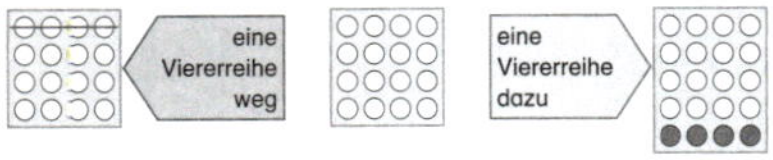

3 · 4 = 12 | **4 · 4 =** 16 | 5 · 4 = 20

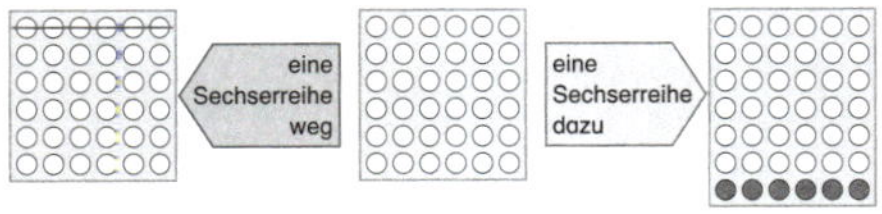

5 · 6 = 30 | **6 · 6 =** 36 | 7 · 6 = 42

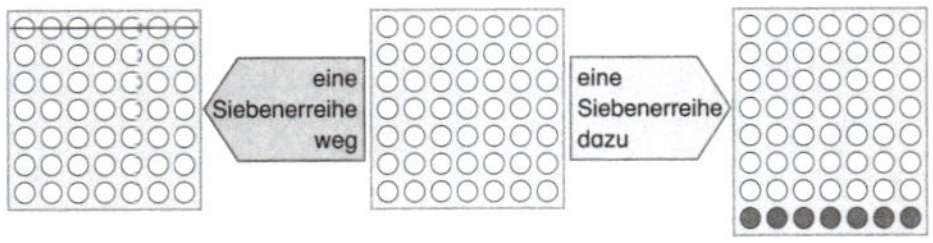

6 · 7 = 42 | **7 · 7 =** 49 | 8 · 7 = 56

②

1 · 2 = 2	**2 · 2 =** 4	3 · 2 = 6
7 · 8 = 56	**8 · 8 =** 64	9 · 8 = 72
8 · 9 = 72	**9 · 9 =** 81	10 · 9 = 90

③ Beginne immer mit der Quadrataufgabe.

1 · 2 = 2	**2 · 2 =** 4	3 · 2 = 6
2 · 3 = 6	**3 · 3 =** 9	4 · 3 = 12
3 · 4 = 12	**4 · 4 =** 16	5 · 4 = 20
4 · 5 = 20	**5 · 5 =** 25	6 · 5 = 30
5 · 6 = 30	**6 · 6 =** 36	7 · 6 = 42
6 · 7 = 42	**7 · 7 =** 49	8 · 7 = 56
7 · 8 = 56	**8 · 8 =** 64	9 · 8 = 72
8 · 9 = 72	**9 · 9 =** 81	10 · 9 = 90
9 · 10 = 90	**10 · 10 =** 100	11 · 10 = 110

④ Die Quadrataufgabe hilft dir beim Rechnen.

4 · 4 = 16	3 · 3 = 9	6 · 6 = 36	8 · 8 = 64
3 · 4 = 12	4 · 3 = 12	7 · 6 = 42	9 · 8 = 72

5 Welche Quadrataufgabe hilft?

3 · 3 = 9	8 · 8 = 64	6 · 6 = 36	7 · 7 = 49
4 · 3 = 12	9 · 8 = 72	7 · 6 = 42	8 · 7 = 56
4 · 4 = 16	9 · 9 = 81	7 · 7 = 49	8 · 8 = 64

Tauschaufgaben

①

2 · 3 = 6	3 · 2 = 6
2 · 4 = 8	4 · 2 = 8
2 · 5 = 10	5 · 2 = 10
2 · 6 = 12	6 · 2 = 12

②

5 · 3 = 15	3 · 5 = 15
5 · 4 = 20	4 · 5 = 20
5 · 6 = 30	6 · 5 = 30

③ **Aufgabe und Tauschaufgabe? Färbe die passenden Fische.**

5 · 2 = 10
8 · 2 = 16 grün
5 · 6 = 30
4 · 5 = 20 rot
5 · 4 = 20
6 · 5 = 30 gelb
2 · 8 = 16
2 · 5 = 10 blau

④ **Wie heißt die Tauschaufgabe?**

4 · 2 = 8	2 · 4 = 8	4 · 5 = 20	5 · 4 = 20
8 · 2 = 16	2 · 8 = 16	8 · 5 = 40	5 · 8 = 40
3 · 2 = 6	2 · 3 = 6	3 · 5 = 15	5 · 3 = 15
6 · 2 = 12	2 · 6 = 12	6 · 5 = 30	5 · 6 = 30
9 · 2 = 18	2 · 9 = 18	9 · 5 = 45	5 · 9 = 45
7 · 2 = 14	2 · 7 = 14	7 · 5 = 35	5 · 7 = 35

Gerecht teilen (1)

① **Kreise ein und rechne.**

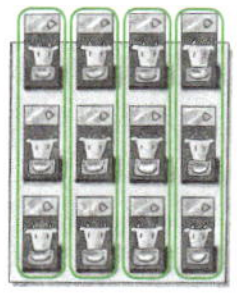

12 : 3 = 4
4 · 3 = 12

15 : 3 = 5
5 · 3 = 15

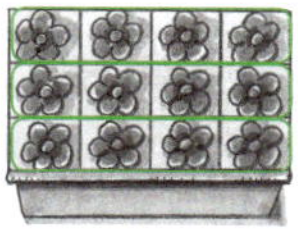

12 : 4 = 3
3 · 4 = 12

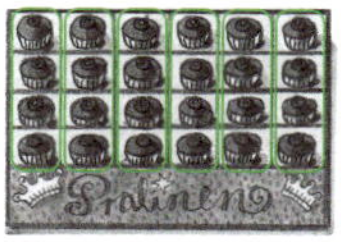

24 : 4 = 6
6 · 4 = 24

16 : 4 = 4
4 · 4 = 16

20 : 4 = 5
5 · 4 = 20

② **Kreise ein und rechne.**

18 : 3 = 6
6 · 3 = 18

20 : 5 = 4
4 · 5 = 20

12 : 2 = 6
6 · 2 = 12

10 : 5 = 2
2 · 5 = 10

③ **Kreise ein und rechne.**

40 : 10 = 4
4 · 10 = 40

36 : 6 = 6
6 · 6 = 36

16 : 8 = 2
2 · 8 = 16

14 : 2 = 7
7 · 2 = 14

Würfel Quader Zylinder Pyramide Kegel Kugel

① **Aus wie vielen Körpern bestehen die einzelnen Gebäude? Trage ein.**

4	3	3

4	2	4

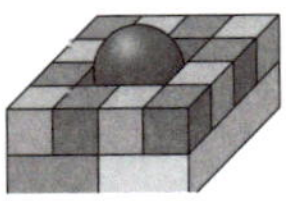

12	2	1

4	1	8	1

② **Wer hat welches Haus gebaut? Verbinde.**

①

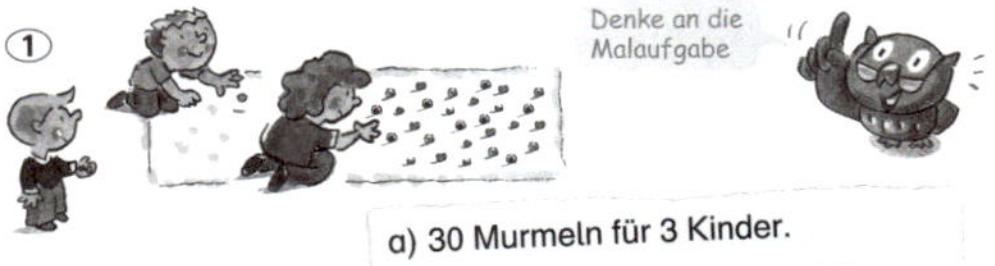

a) 30 Murmeln für 3 Kinder.
30 : 3 = 10, weil 10 · 3 = 30
Jedes Kind erhält 10 Murmeln.

b) 30 Murmeln für 5 Kinder.
30 : 5 = 6, weil 6 · 5 = 30
Jedes Kind erhält 6 Murmeln.

c) 30 Murmeln für 6 Kinder.
30 : 6 = 5, weil 5 · 6 = 30
Jedes Kind erhält 5 Murmeln.

d) 30 Murmeln für 10 Kinder.
30 : 10 = 3, weil 3 · 10 = 30
Jedes Kind erhält 3 Murmeln.

②

20 : 5 = 4 4 · 5 = 20	10 : 2 = 5 5 · 2 = 10	20 : 10 = 2 2 · 10 = 20
14 : 2 = 7 7 · 2 = 14	16 : 2 = 8 8 · 2 = 16	20 : 5 = 4 4 · 5 = 20

① **Schreibe zu den drei Zahlen vier Aufgaben.**

2 3 6

2 · 3 = 6
3 · 2 = 6
6 : 3 = 2
6 : 2 = 3

5 8 40

5 · 8 = 40
8 · 5 = 40
40 : 8 = 5
40 : 5 = 8

② **Ergänze die dritte Zahl. Rechne.**

5 6 30

5 · 6 = 30
6 · 5 = 30
30 : 5 = 6
30 : 6 = 5

9 2 18

9 · 2 = 18
2 · 9 = 18
18 : 2 = 9
18 : 9 = 2

③ **Kleine Knobelei**

2 7 14

2 · 7 = 14
7 · 2 = 14
14 : 2 = 7
14 : 7 = 2

5 9 45

5 · 9 = 45
9 · 5 = 45
45 : 5 = 9
45 : 9 = 5

Fit bei ⊙ und ⊙!

① **Male alle Zahlen aus dem 5er-Einmaleins grün an, alle Quadratzahlen rot.**

30	45	9	29	47	12	15
grün	grün	rot				grün

81	5	4	11	51	36	40
rot	grün	rot			rot	grün

50	24	16	35	42	3	64
grün		rot	grün			rot

②

·	3	4	5
2	6	8	10
5	15	20	25
10	30	40	50

·	2	5	10
10	20	50	100
4	8	20	40
5	10	25	50

·	2	5	10
6	12	30	60
7	14	35	70
8	16	40	80

·	8	9	3
2	16	18	6
5	40	45	15
10	80	90	30

③ **Welche Aufgaben gehören zusammen? Verbinde.**

20 : 4 = 5 — 5 · 4 = 20
36 : 6 = 6 — 6 · 6 = 36
45 : 9 = 5 — 5 · 9 = 45
18 : 2 = 9 — 9 · 2 = 18
70 : 7 = 10 — 10 · 7 = 70

④

:5	
25	5
40	8
30	6
35	7

:2	
8	4
16	8
12	6
10	5

:10	
50	5
30	3
70	7
40	4

5 **Kleine Knobelei**

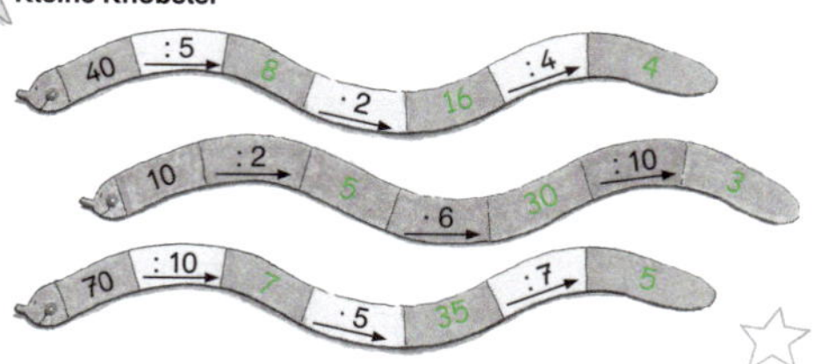

Übung macht den Meister ⊕ und ⊖

①

45 + 7 = 52	12 + 34 = 46	24 + 57 = 81
78 + 8 = 86	11 + 46 = 57	49 + 19 = 68
23 + 9 = 32	14 + 55 = 69	78 + 22 = 100

②

67 – 9 = 58	39 – 12 = 27	100 – 23 = 77
82 – 6 = 76	89 – 25 = 64	100 – 59 = 41
56 – 8 = 48	96 – 44 = 52	100 – 63 = 37

③ **Welcher Pfeil trifft welchen Luftballon? Verbinde.**

a)

67 + 13 = 80 — Ballon 80 — 27 + 53 = 80
53 + 28 = 81 — Ballon 81 — 52 + 29 = 81
25 + 36 = 61 — Ballon 61 — 17 + 44 = 61

b)

36 – 15 = 21 — Ballon 21 — 69 – 48 = 21
91 – 24 = 67 — Ballon 67 — 78 – 11 = 67
73 – 37 = 36 — Ballon 36 — 72 – 36 = 36

Welche Schlüssel passen?

Welche Schlüssel passen zu den beiden Schatzkisten? Verbinde.

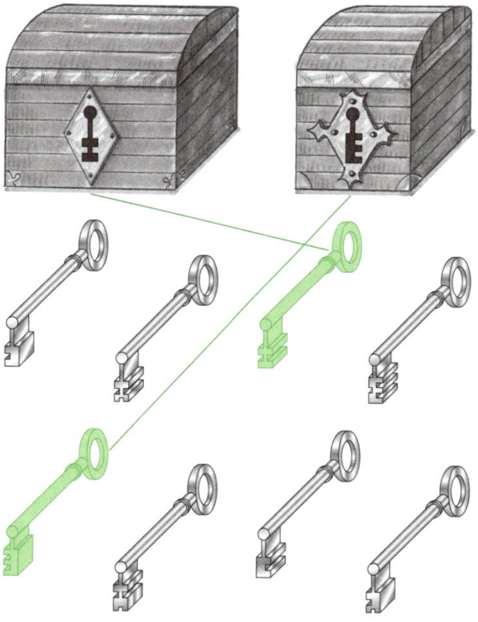

① ·4 | 4· | ·8 | 8·

1 · 4 = 4	4 · 1 = 4	1 · 8 = 8	8 · 1 = 8
2 · 4 = 8	4 · 2 = 8	2 · 8 = 16	8 · 2 = 16
4 · 4 = 16	4 · 4 = 16	5 · 8 = 40	8 · 5 = 40
5 · 4 = 20	4 · 5 = 20	8 · 8 = 64	8 · 8 = 64
10 · 4 = 40	4 · 10 = 40	10 · 8 = 80	8 · 10 = 80

② ·3 | 3· | ·6 | 6·

1 · 3 = 3	3 · 1 = 3	1 · 6 = 6	6 · 1 = 6
2 · 3 = 6	3 · 2 = 6	2 · 6 = 12	6 · 2 = 12
3 · 3 = 9	3 · 3 = 9	5 · 6 = 30	6 · 5 = 30
5 · 3 = 15	3 · 5 = 15	6 · 6 = 36	6 · 6 = 36
10 · 3 = 30	3 · 10 = 30	10 · 6 = 60	6 · 10 = 60

③ ·7 | 7· | ·9 | 9·

1 · 7 = 7	7 · 1 = 7	1 · 9 = 9	9 · 1 = 9
2 · 7 = 14	7 · 2 = 14	2 · 9 = 18	9 · 2 = 18
5 · 7 = 35	7 · 5 = 35	5 · 9 = 45	9 · 5 = 45
7 · 7 = 49	7 · 7 = 49	9 · 9 = 81	9 · 9 = 81
10 · 7 = 70	7 · 10 = 70	10 · 9 = 90	9 · 10 = 90

①

·10		:10		·5		:5	
2	20	50	5	8	40	25	5
7	70	30	3	2	10	15	3
4	40	80	8	6	30	30	6
6	60	100	10	7	35	45	9
9	90	70	7	3	15	35	7

②

12 | 2 · 6 | 10 | 2 · 5 | 16 | 2 · 8 | 14 | 2 · 7 | 4 | 2 · 2 | 20 | 2 · 10 | 18 | 2 · 9 | 8 | 2 · 4

③ **Rechne und male das Bild richtig an.**

5 · 5 = 25	20 : 5 = 4
8 · 5 = 40	12 : 2 = 6
10 · 9 = 90	70 : 10 = 7
2 · 7 = 14	45 : 5 = 9
7 · 5 = 35	16 : 2 = 8

Merke dir eine Figur und zeichne sie nach.

Und so wird's gemacht:

Merke dir eine Figur aus der linken Spalte.

Falte das Blatt entlang der gestrichelten Linie. Decke die Figur zu.

Zeichne sie rechts nach.

Kontrolliere das Ergebnis.

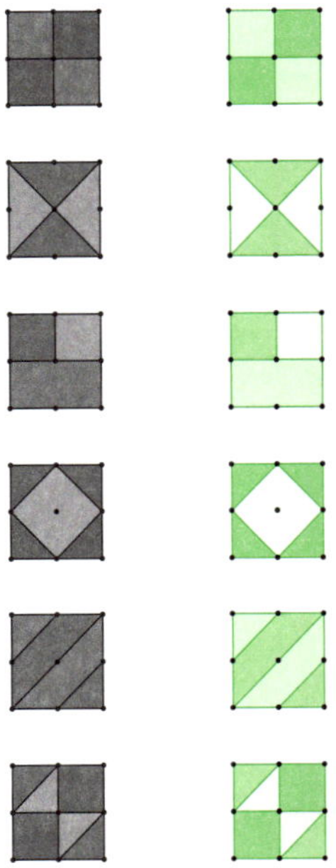

Das Geheimnis des Sternenhimmels

Auflösung Sternenbild: Pfau

② Mit dem Rechenstrich geht es schneller.

37 + 25 = ____

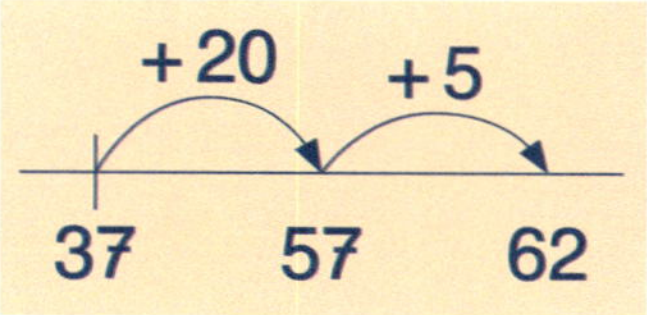

Löse die Aufgabe zuerst am Rechenstrich, trage dann das Ergebnis in die Rechnung ein.

a) 53 + 28 = ____

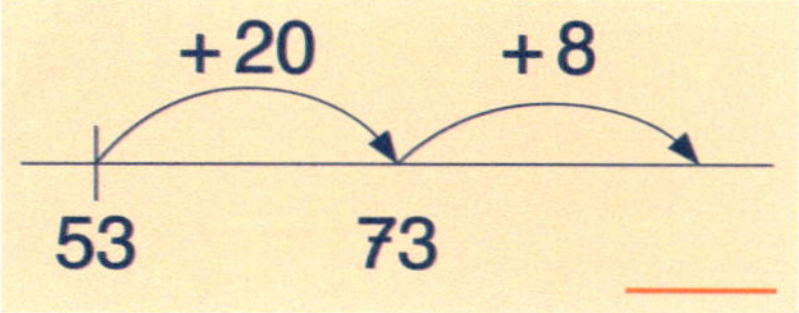

b) 19 + 44 = ____

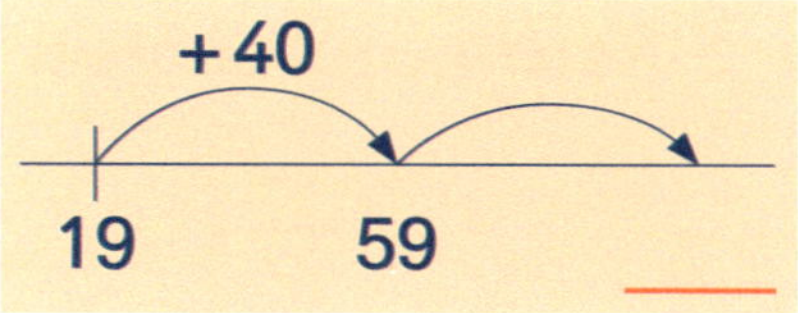

c) 75 + 17 = ____

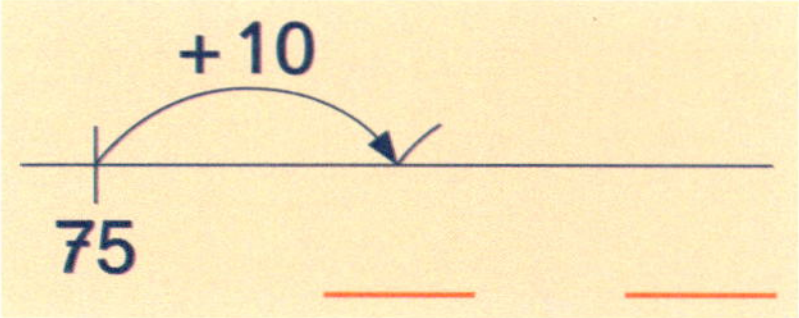

d) 47 + 36 = ____

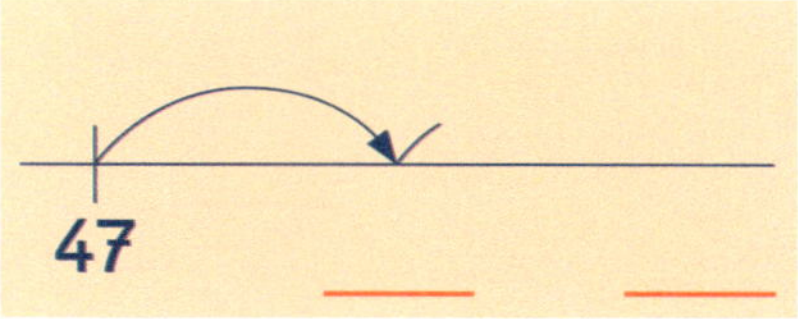

e) 24 + 29 = ____

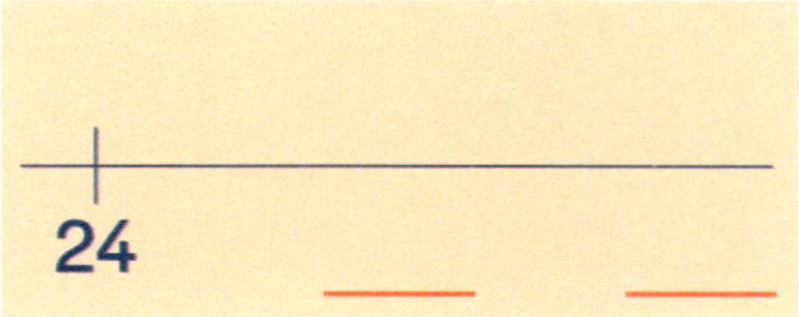

f) 66 + 18 = ____

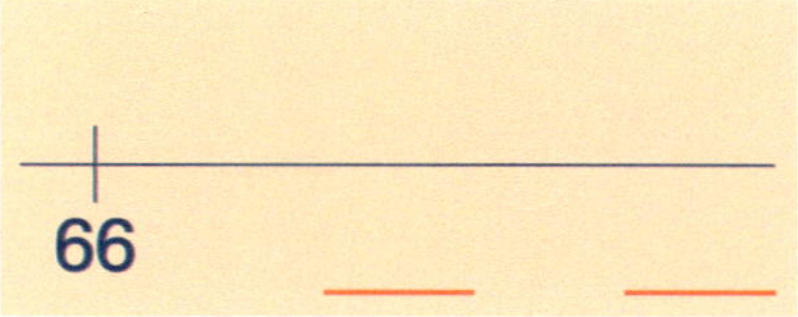

3 Kleine Knobelei: Ergänze.

a) 56 + ____ = 84

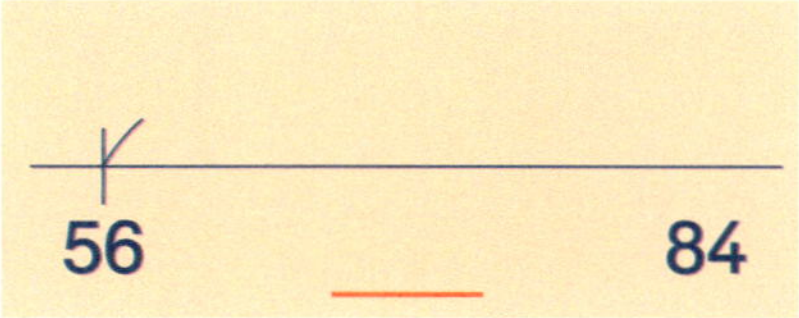

b) 45 + ____ = 91

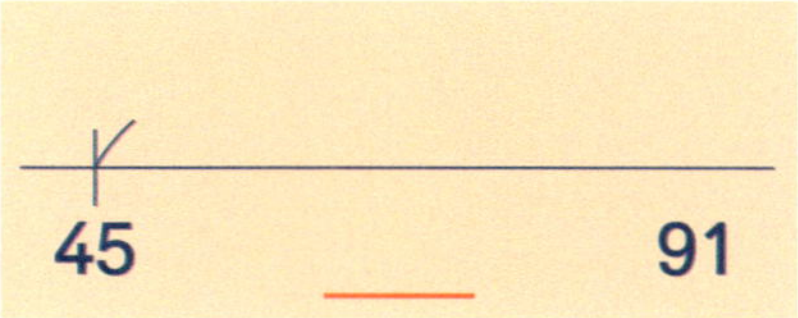

1 Wie rechnest du?

73 – 28 = ____

So?	Oder so?	Oder so?
73 – 20 = 53 53 – 8 = ____	73 – 8 = 65 65 – 20 = ____	73 – 30 = 43 43 + 2 = ____

Rechne auf deinem Weg.

42 – 17 = ____

65 – 36 = ____

51 – 26 = ____

34 – 18 = ____

96 – 29 = ____

85 – 57 = ____

43 – 25 = ____

100 – 88 = ____

② Minusaufgaben mit dem Rechenstrich lösen.

82 – 36 = ____

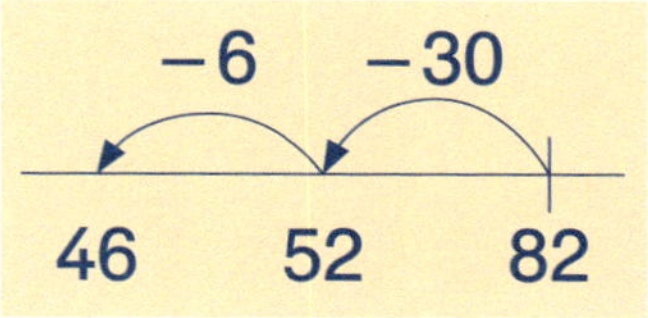

Löse die Aufgabe zuerst am Rechenstrich, trage dann das Ergebnis in die Rechnung ein.

a) 93 – 28 = ____

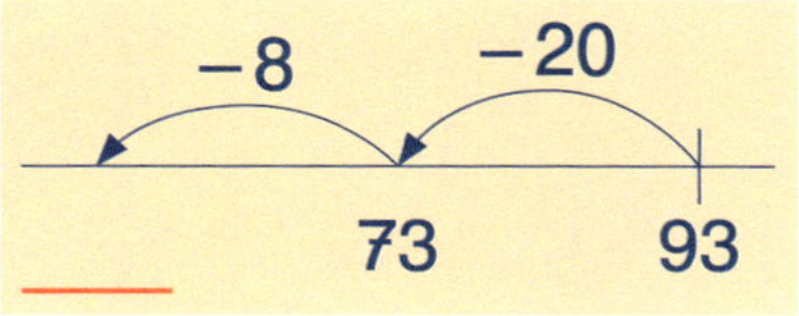

b) 71 – 54 = ____

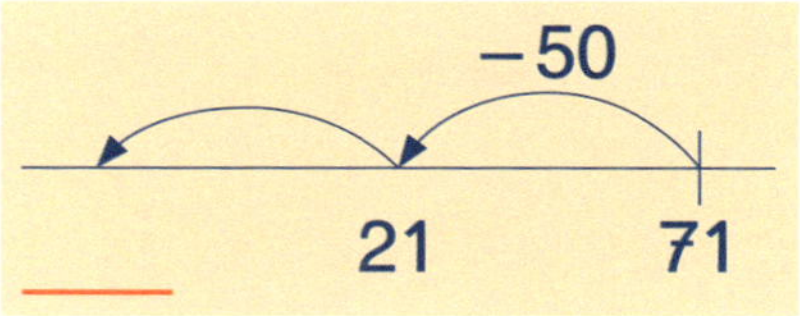

c) 84 – 67 = ____

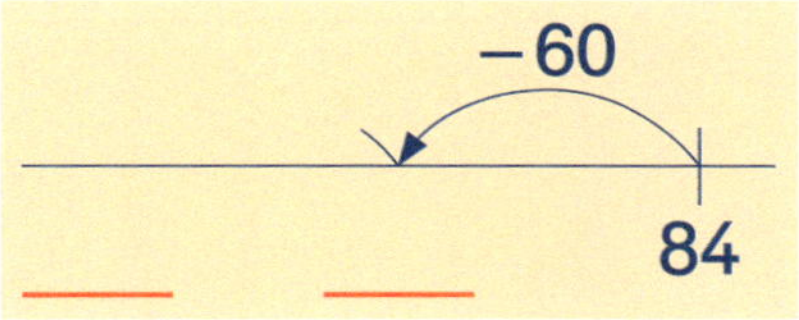

d) 57 – 39 = ____

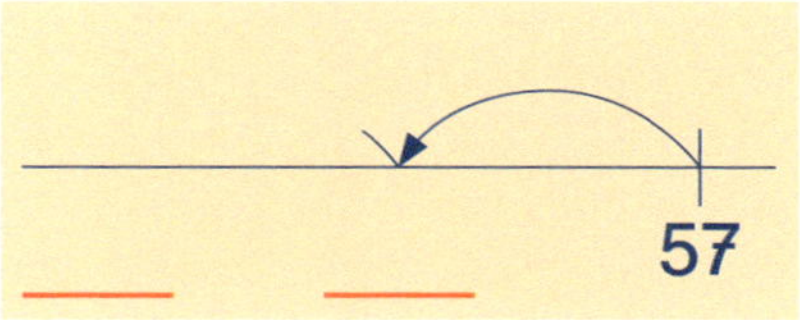

e) 42 – 16 = ____

f) 66 – 48 = ____

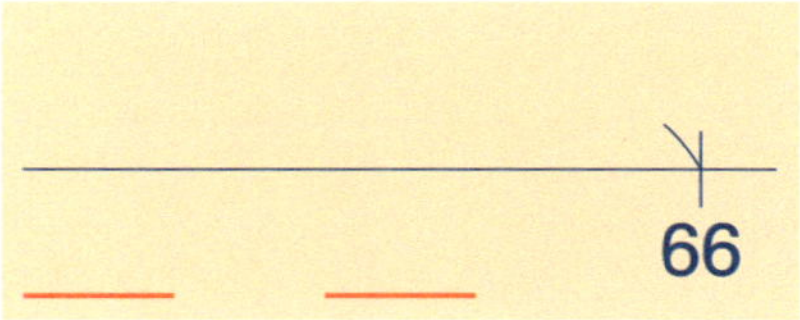

3 Kleine Knobelei: Ergänze.

a) 95 – ____ = 58

b) 81 – ____ = 64

①

37 + 25 = ____

63 + 23 = ____

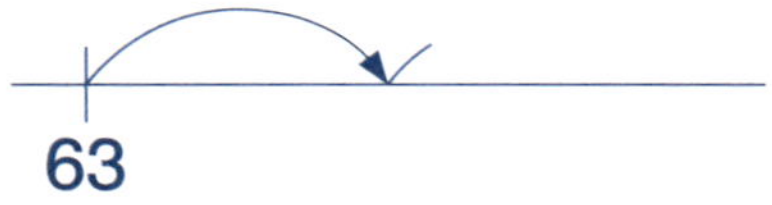

55 + 17 = ____

35 + 36 = ____

② **Geschickt rechnen bei Zehnernähe.**

43 + 39 = ____

55 + 28 = ____

24 + 48 = ____

76 + 19 = ____

③

73 – 35 = ____

52 – 24 = ____

52

45 – 12 = ____

45

81 – 37 = ____

81

④ **Geschickt rechnen bei Zehnernähe.**

62 – 28 = ____

83 – 18 = ____

83

76 – 29 = ____

76

92 – 58 = ____

92

1 Male jede Aufgabe in der passenden Farbe an.

57 + 16	48 + 26	38 + 57	44 + 38	52 + 39
63 + 19	73 + 18	59 + 14	66 + 29	38 + 36

2 Rechenmauern

3 Rechenschlangen

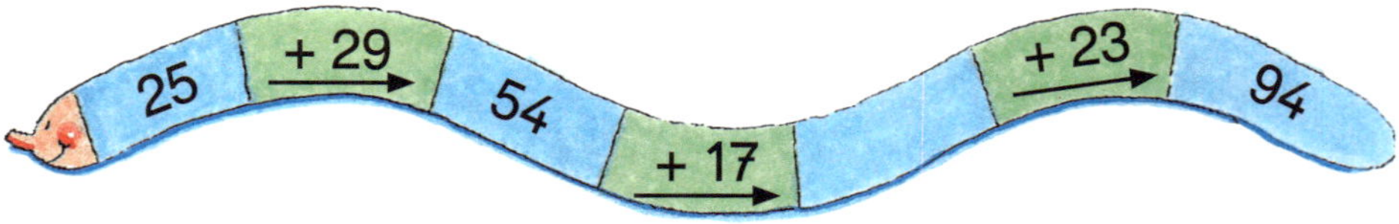

4 Male jede Aufgabe in der passenden Farbe an.

64 – 27	56 – 29	72 – 18	83 – 38	65 – 39
52 – 25	92 – 66	88 – 51	75 – 21	69 – 24

5 Rechenmauern

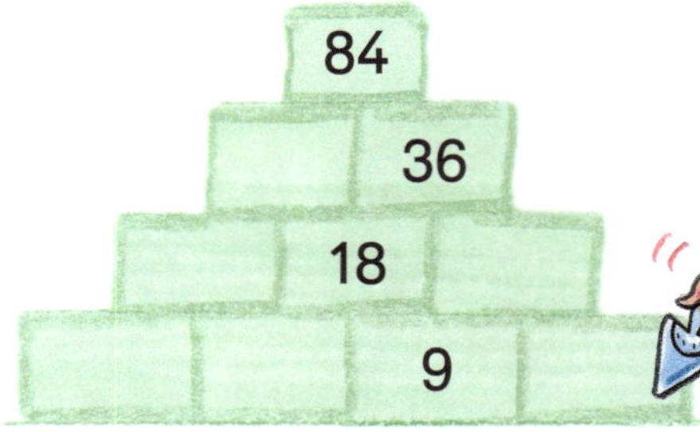

6 Rechenschlangen

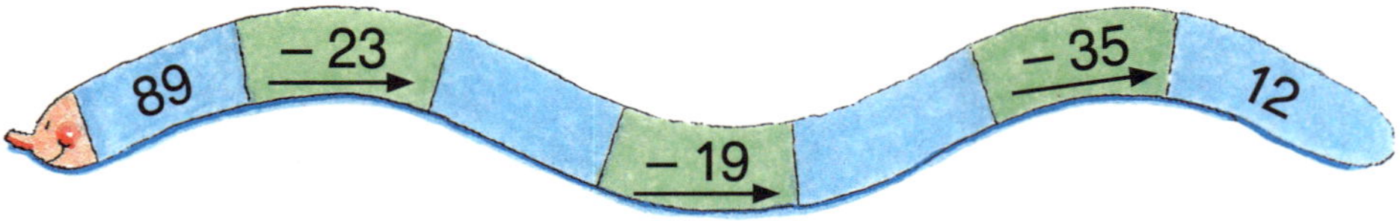

(1) **Setze die Muster fort.**

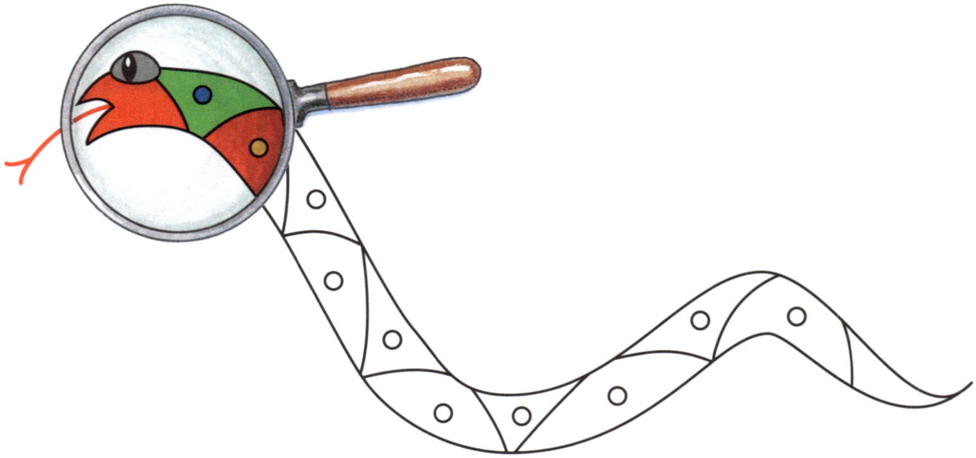

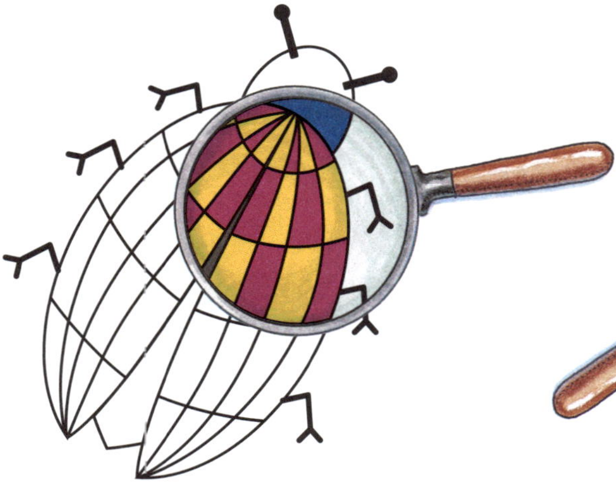

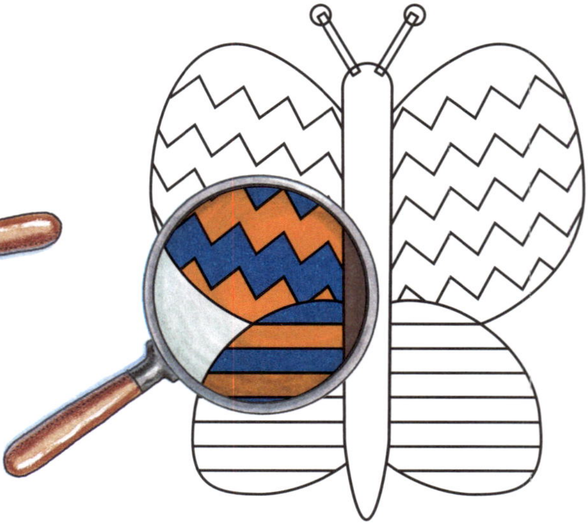

② Setze die Muster fort.

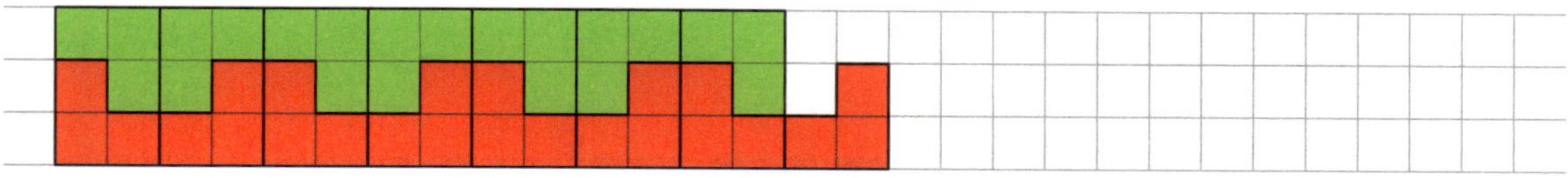

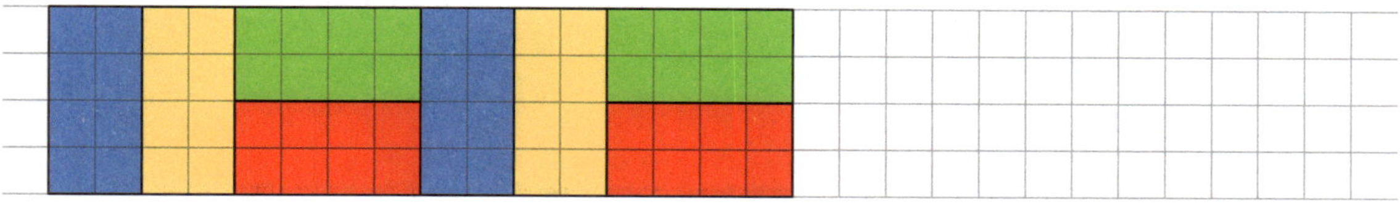

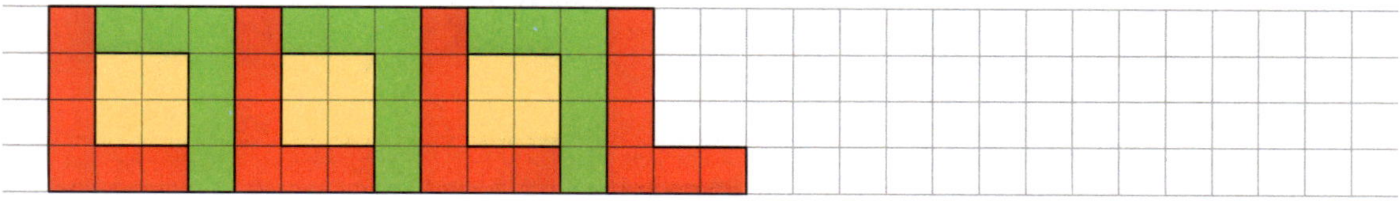

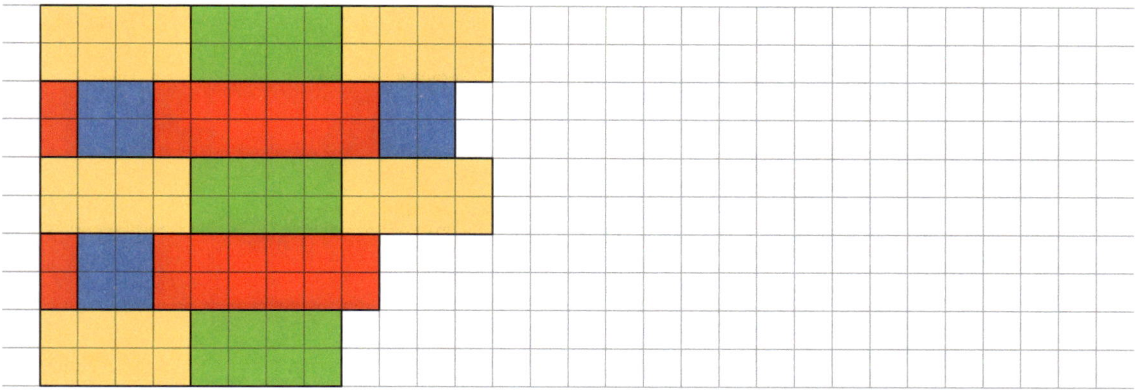

3

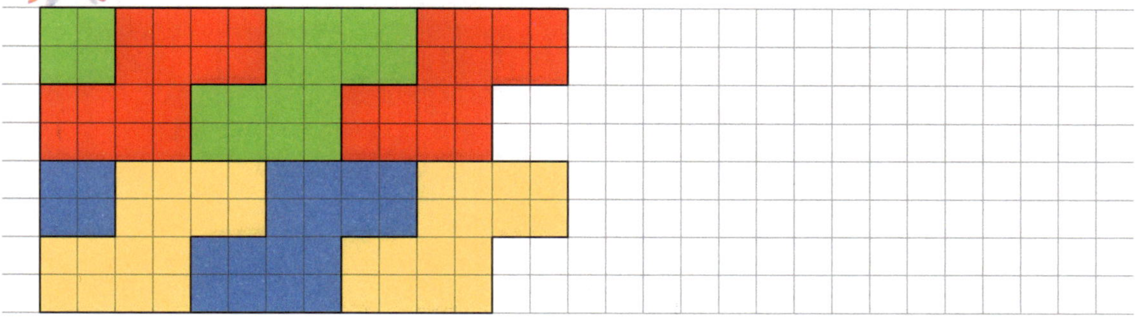

1

2 + 2 + 2 = ____

3 · 2 = ____

3 + 3 + 3 = ____

3 · 3 = ____

4 + ___ + ___ = ____

___ · ___ = ____

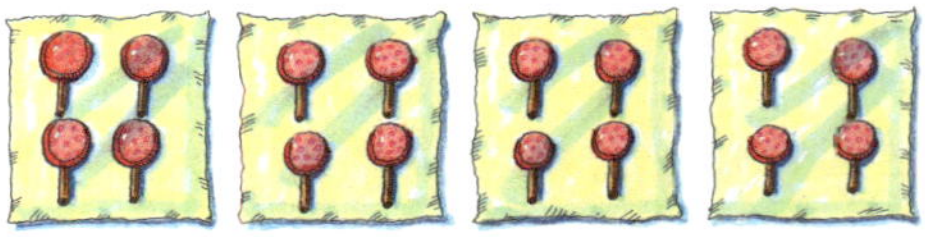

4 + ___ + ___ + ___ = ____

___ · ___ = ____

___ + ___ + ___ = ____

___ · ___ = ____

___ + ___ + ___ + ___ + ___ + ___ = ____

___ · ___ = ____

___ + ___ + ___ + ___ = ____

___ · ___ = ____

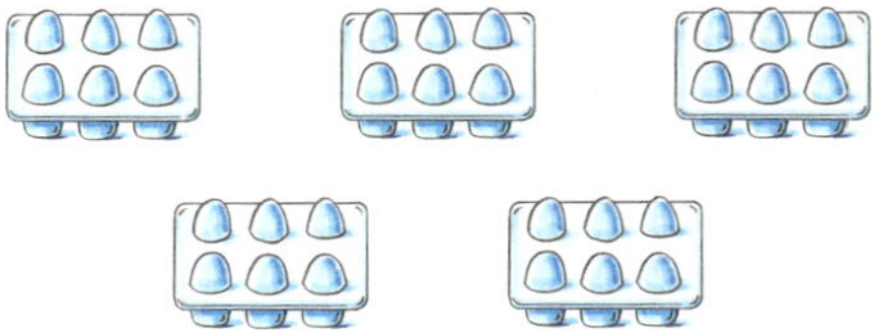

___ + ___ + ___ + ___ + ___ = ____

___ · ___ = ____

②

2 + 2 + 2 + 2 + 2 = ____

____ · 2 = ____

2 + 2 + 2 + 2 + 2 + 2 + 2 = ____

____ · 2 = ____

____ + ____ + ____ = ____

____ · ____ = ____

____ + ____ + ____ + ____ + ____ = ____

____ · ____ = ____

____ + ____ = ____

____ · ____ = ____

____ + ____ + ____ + ____ = ____

____ · ____ = ____

③ **Welcher Anhänger passt? Färbe.**

1 Kernaufgaben und Quadrataufgaben

· 2
1 · 2 = ___
2 · 2 = ___
5 · 2 = ___
10 · 2 = ___

· 4
1 · 4 = ___
2 · 4 = ___
4 · 4 = ___
5 · 4 = ___
10 · 4 = ___

2 Malaufgaben zusammenbauen

3 · 2 = ___	
2 · 2 = ___	**1** · 2 = ___

3 · 4 = ___	
1 · 4 = ___	**2** · 4 = ___

4 · 2 = ___	
2 · 2 = ___	**2** · 2 = ___

6 · 4 = ___	
5 · 4 = ___	**1** · 4 = ___

6 · 2 = ___	
5 · 2 = ___	___ · 2 = ___

7 · 4 = ___	
5 · 4 = ___	___ · 4 = ___

7 · 2 = ___	
5 · 2 = ___	___ · 2 = ___

8 · 4 = ___	
4 · 4 = ___	___ · 4 = ___

3 Kernaufgaben und Quadrataufgaben

·8

1·8 = ___
2·8 = ___
5·8 = ___
8·8 = ___
10·8 = ___

·5

1·5 = ___
2·5 = ___
5·5 = ___
10·5 = ___

4 Malaufgaben zusammenbauen

3·8 = ___	
1·8 = ___	**2**·8 = ___

3·5 = ___	
2·5 = ___	___·5 = ___

4·8 = ___	
___·8 = ___	___·8 = ___

4·5 = ___	
___·5 = ___	___·5 = ___

6·8 = ___	
___·8 = ___	___·8 = ___

7·5 = ___	
___·5 = ___	___·5 = ___

7·8 = ___	
___·8 = ___	___·8 = ___

6·5 = ___	
___·5 = ___	___·5 = ___

1 Kernaufgaben und Quadrataufgaben

· 3
1 · 3 = ___
2 · 3 = ___
3 · 3 = ___
5 · 3 = ___
10 · 3 = ___

· 6
1 · 6 = ___
2 · 6 = ___
5 · 6 = ___
6 · 6 = ___
10 · 6 = ___

2 Malaufgaben zusammenbauen

4 · 3 = ___	
2 · 3 = ___	___ · 3 = ___

3 · 6 = ___	
1 · 6 = ___	___ · 6 = ___

8 · 3 = ___	
___ · 3 = ___	___ · 3 = ___

4 · 6 = ___	
___ · 6 = ___	___ · 6 = ___

6 · 3 = ___	
___ · 3 = ___	___ · 3 = ___

7 · 6 = ___	
___ · 6 = ___	___ · 6 = ___

7 · 3 = ___	
___ · 3 = ___	___ · 3 = ___

8 · 6 = ___	
___ · 6 = ___	___ · 6 = ___

③ Kernaufgaben und Quadrataufgaben

· 9

1 · 9 = ___
2 · 9 = ___
5 · 9 = ___
9 · 9 = ___
10 · 9 = ___

· 7

1 · 7 = ___
2 · 7 = ___
5 · 7 = ___
7 · 7 = ___
10 · 7 = ___

④ Malaufgaben zusammenbauen

3 · 9 = ___
- **2** · 9 = ___
- ___ · 9 = ___

3 · 7 = ___
- **2** · 7 = ___
- ___ · 7 = ___

6 · 9 = ___
- ___ · 9 = ___
- ___ · 9 = ___

4 · 7 = ___
- ___ · 7 = ___
- ___ · 7 = ___

4 · 9 = ___
- ___ · 9 = ___
- ___ · 9 = ___

6 · 7 = ___
- ___ · 7 = ___
- ___ · 7 = ___

7 · 9 = ___
- ___ · 9 = ___
- ___ · 9 = ___

8 · 7 = ___
- ___ **· 7 =** ___
- ___ · 7 = ___

Quadrataufgaben verändern – Nachbaraufgaben

1

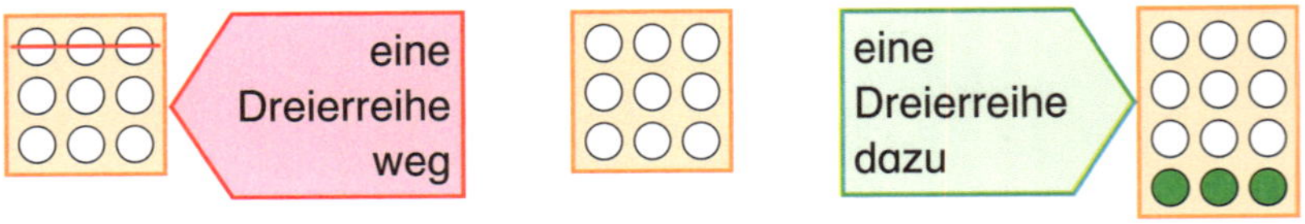

2 · 3 = ____ **3 · 3 =** ____ 4 · 3 = ____

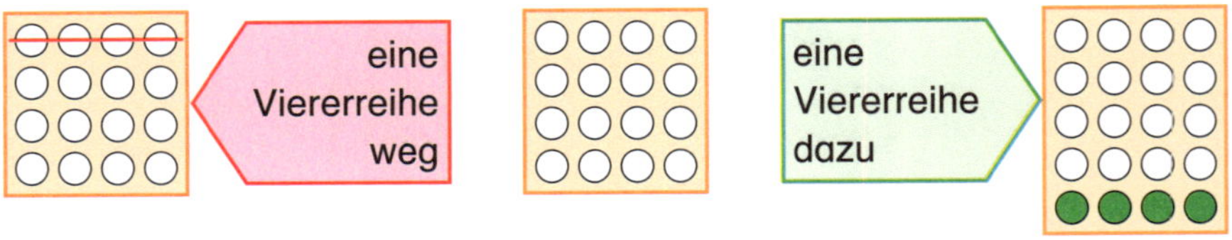

3 · 4 = ____ **4 · 4 =** ____ 5 · 4 = ____

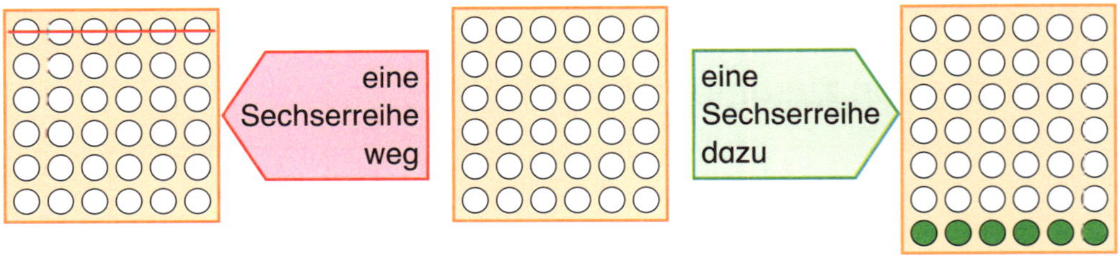

5 · 6 = ____ **6 · 6 =** ____ 7 · 6 = ____

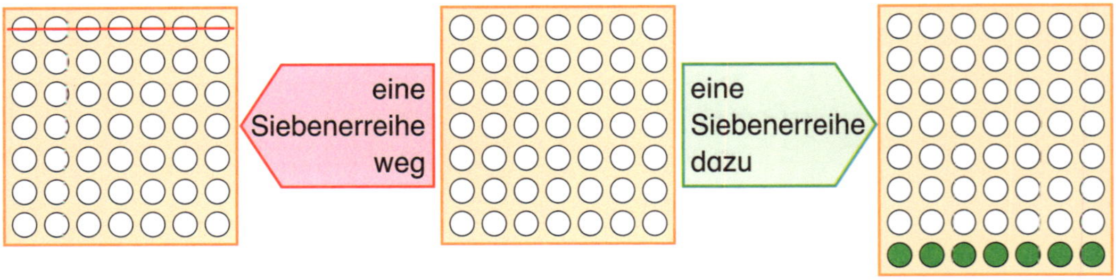

6 · 7 = ____ **7 · 7 =** ____ 8 · 7 = ____

2

1 · 2 = ____ **2 · 2 =** ____ 3 · 2 = ____

7 · 8 = ____ **8 · 8 =** ____ 9 · 8 = ____

8 · 9 = ____ **9 · 9 =** ____ 10 · 9 = ____

3 Beginne immer mit der Quadrataufgabe.

1 · 2 = ___	**2 · 2 =** ___	3 · 2 = ___
2 · 3 = ___	**3 · 3 =** ___	4 · 3 = ___
3 · 4 = ___	**4 · 4 =** ___	5 · 4 = ___
4 · 5 = ___	**5 · 5 =** ___	6 · 5 = ___
5 · 6 = ___	**6 · 6 =** ___	7 · 6 = ___
6 · 7 = ___	**7 · 7 =** ___	8 · 7 = ___
7 · 8 = ___	**8 · 8 =** ___	9 · 8 = ___
8 · 9 = ___	**9 · 9 =** ___	10 · 9 = ___
9 · 10 = ___	**10 · 10 =** ___	11 · 10 = ___

4 Die Quadrataufgabe hilft dir beim Rechnen.

4 · 4 = ___	3 · 3 = ___	6 · 6 = ___	8 · 8 = ___
3 · 4 = ___	4 · 3 = ___	7 · 6 = ___	9 · 8 = ___

5 Welche Quadrataufgabe hilft?

3 · 3 = ___	8 · 8 = ___	6 · 6 = ___	7 · 7 = ___
4 · 3 = ___	9 · 8 = ___	7 · 6 = ___	8 · 7 = ___
4 · 4 = ___	9 · 9 = ___	7 · 7 = ___	8 · 8 = ___

Tauschaufgaben

1

2 · 3 = ___ | 3 · 2 = ___

2 · 4 = ___ | 4 · 2 = ___

2 · ___ = ___ | 5 · ___ = ___

2 · ___ = ___ | 6 · ___ = ___

2

5 · ___ = ___ | 3 · 5 = ___

5 · ___ = ___ | 4 · ___ = ___

___ · ___ = ___ | ___ · 5 = ___

3 Aufgabe und Tauschaufgabe? Färbe die passenden Fische.

- 5 · 2 = ___
- 8 · 2 = ___
- 5 · 6 = ___
- 4 · 5 = ___
- 5 · 4 = ___
- 6 · 5 = ___
- 2 · 8 = ___
- 2 · 5= ___

4 Wie heißt die Tauschaufgabe?

4 · 2 = ___	___ · ___ = ___	4 · 5 = ___	___ · ___ = ___
8 · 2 = ___	___ · ___ = ___	8 · 5 = ___	___ · ___ = ___
3 · 2 = ___	___ · ___ = ___	3 · 5 = ___	___ · ___ = ___
6 · 2 = ___	___ · ___ = ___	6 · 5 = ___	___ · ___ = ___
9 · 2 = ___	___ · ___ = ___	9 · 5 = ___	___ · ___ = ___
7 · 2 = ___	___ · ___ = ___	7 · 5 = ___	___ · ___ = ___

1 **Kreise ein und rechne.**

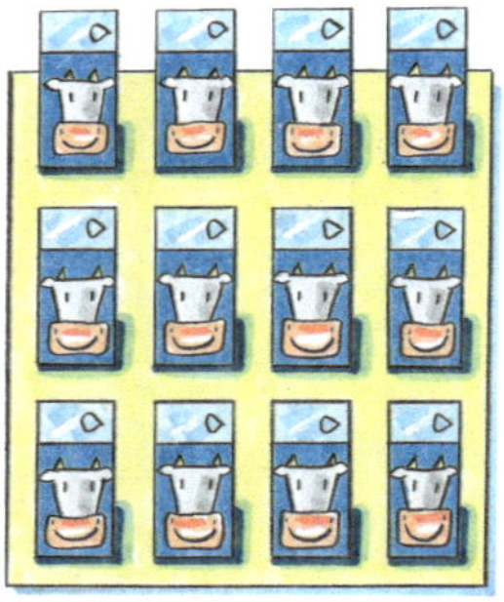

12 : 3 = ____

____ · 3 = 12

15 : 3 = ____

____ · 3 = 15

12 : 4 = ____

____ · 4 = 12

24 : 4 = ____

____ · 4 = 24

16 : 4 = ____

____ · 4 = 16

20 : 4 = ____

____ · 4 = 20

(2) Kreise ein und rechne.

18 : 3 = ___

___ · 3 = 18

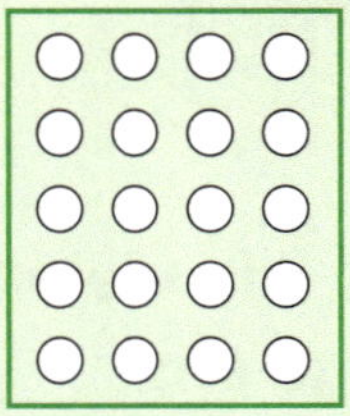

20 : 5 = ___

___ · 5 = 20

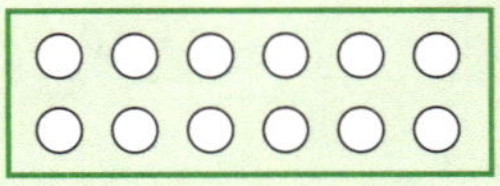

12 : 2 = ___

___ · 2 = 12

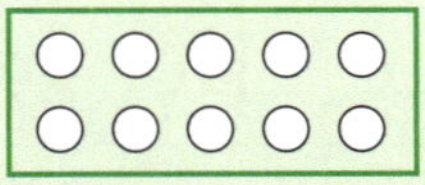

10 : 5 = ___

___ · 5 = 10

(3) Kreise ein und rechne.

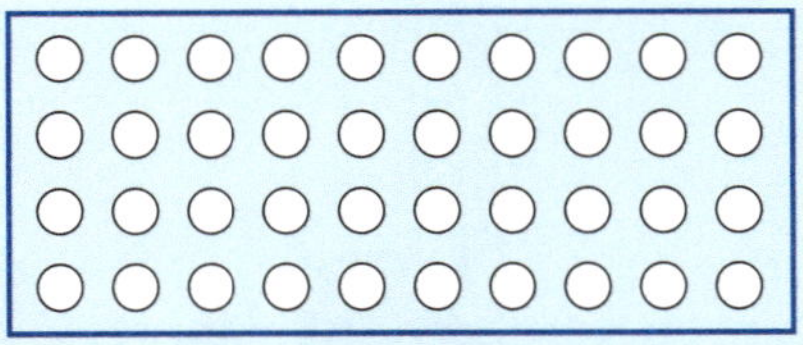

40 : 10 = ___

___ · 10 = 40

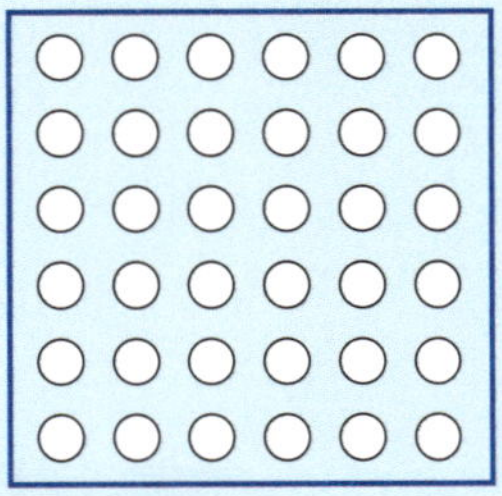

36 : 6 = ___

___ · 6 = ___

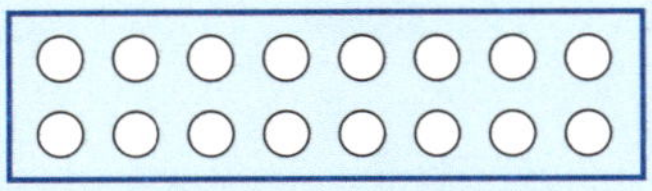

16 : 8 = ___

___ · 8 = ___

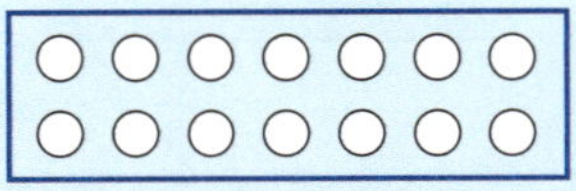

14 : 2 = ___

___ · 2 = ___

Würfel 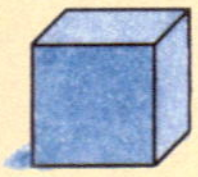 Quader  Zylinder 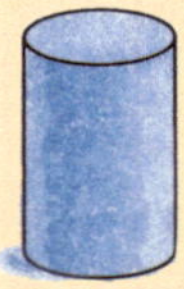

1 **Aus wie vielen Körpern bestehen die einzelnen Gebäude? Trage ein.**

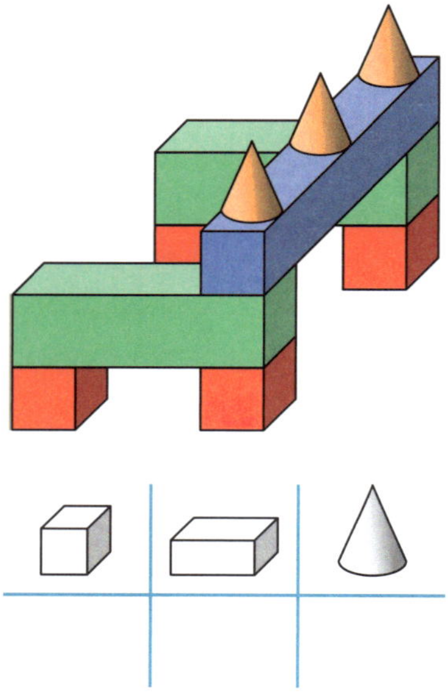

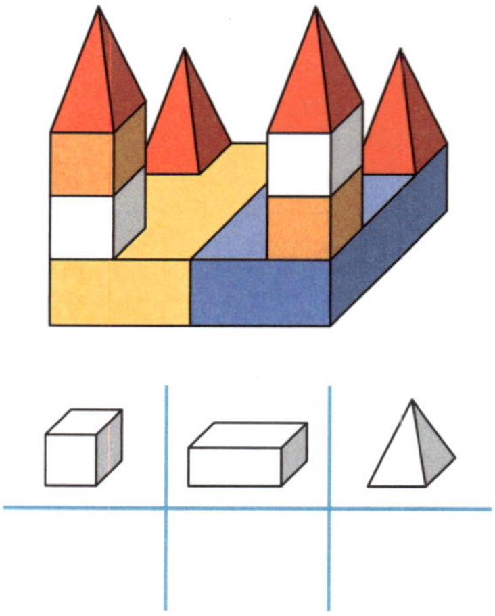

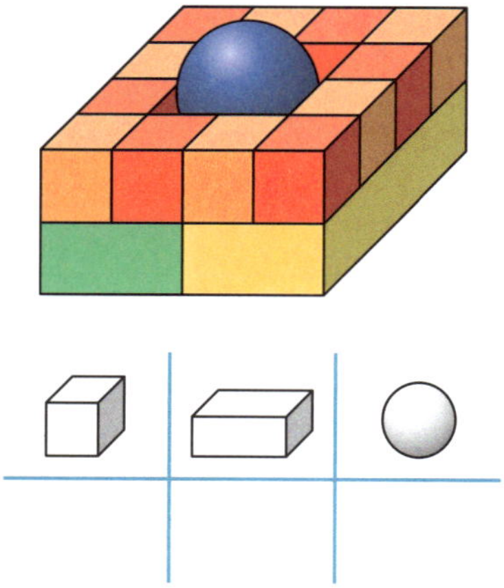

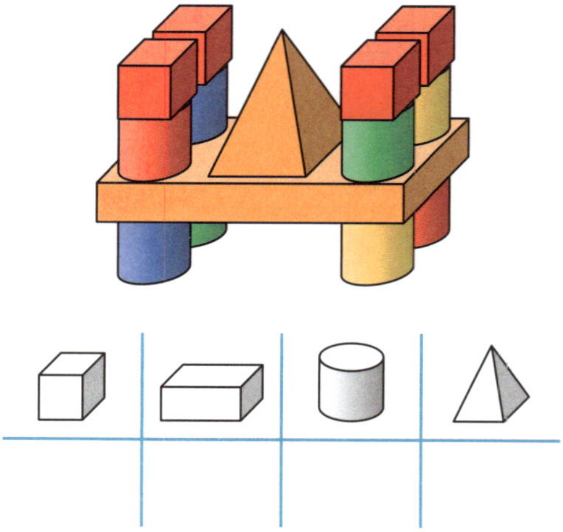

Pyramide 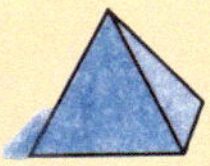 Kegel  Kugel 

(2) **Wer hat welches Haus gebaut? Verbinde.**

1

a) 30 Murmeln für 3 Kinder.

30 : 3 = ___, weil 10 · 3 = 30

Jedes Kind erhält ___ Murmeln.

b) 30 Murmeln für 5 Kinder.

30 : 5 = ___, weil ___________

Jedes Kind erhält ___ Murmeln.

c) 30 Murmeln für 6 Kinder.

30 : 6 = ___, weil ___________

Jedes Kind erhält ___ Murmeln.

d) 30 Murmeln für 10 Kinder.

30 : 10 = ___, weil ___________

Jedes Kind erhält ___ Murmeln.

2

20 : 5 = ___ 4 · 5 = ___	10 : 2 = ___ ___ · 2 = ___	20 : 10 = ___ ___ · 10 = ___
14 : 2 = ___ ___________	16 : 2 = ___ ___________	20 : 5 = ___ ___________

1 **Schreibe zu den drei Zahlen vier Aufgaben.**

2 3 6

2 · 3 = 6

3 · ____ = ____

6 : 3 = ____

6 : ____ = ____

5 8 40

____ · 8 = ____

8 · ____ = ____

____ : 8 = ____

____ : ____ = ____

2 **Ergänze die dritte Zahl. Rechne.**

5 6 ____

____

____

____

____

9 2 ____

____

____

____

____

3 **Kleine Knobelei**

____ 7 14

____

____

____

____

____ 9 45

____

____

____

____

1 **Male alle Zahlen aus dem 5er-Einmaleins grün an, alle Quadratzahlen rot.**

30 45 9 29 47 12 15

81 5 4 11 51 36 40

50 24 16 35 42 3 64

2

·	3	4	5
2	6		
5			
10			

·	2	5	10
10			
4			
5			

·	2	5	10
6			
7			
8			

·	8	9	3
2			
5			
10			

③ **Welche Aufgaben gehören zusammen? Verbinde.**

20 : 4 = 5	6 · 6 = ___
36 : 6 = ___	5 · 9 = ___
45 : 9 = ___	5 · 4 = 20
18 : 2 = ___	10 · 7 = ___
70 : 7 = ___	9 · 2 = ___

④

: 5

25	
40	
30	
	7

: 2

8	
16	
12	
	5

: 10

50	
30	
70	
	4

5 **Kleine Knobelei**

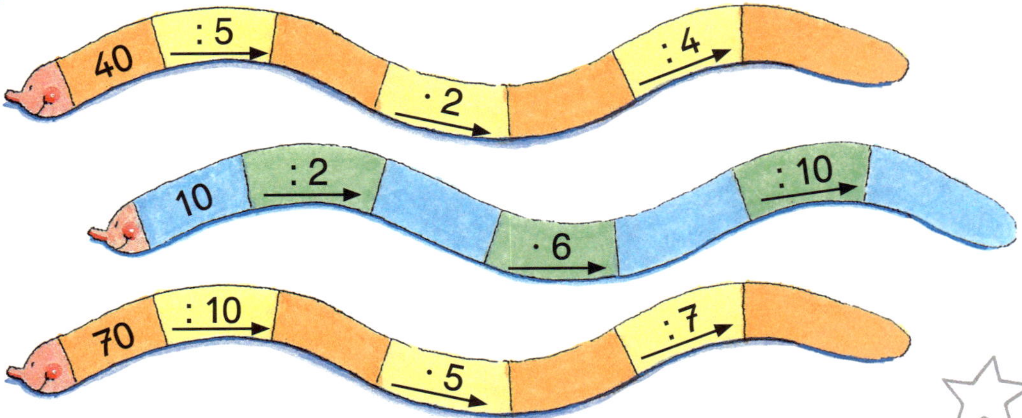

1

45 + 7 = ____	12 + 34 = ____	24 + 57 = ____
78 + 8 = ____	11 + 46 = ____	49 + 19 = ____
23 + 9 = ____	14 + 55 = ____	78 + 22 = ____

2

67 – 9 = ____	39 – 12 = ____	100 – 23 = ____
82 – 6 = ____	89 – 25 = ____	100 – 59 = ____
56 – 8 = ____	96 – 44 = ____	100 – 63 = ____

3 **Welcher Pfeil trifft welchen Luftballon? Verbinde.**

a)

67 + 13 = ____	80	52 + 29 = ____
53 + 28 = ____	61	27 + 53 = ____
25 + 36 = ____	81	17 + 44 = ____

b)

36 – 15 = ____	21	78 – 11 = ____
91 – 24 = ____	36	69 – 48 = ____
73 – 37 = ____	67	72 – 36 = ____

Welche Schlüssel passen zu den beiden Schatzkisten?
Verbinde.

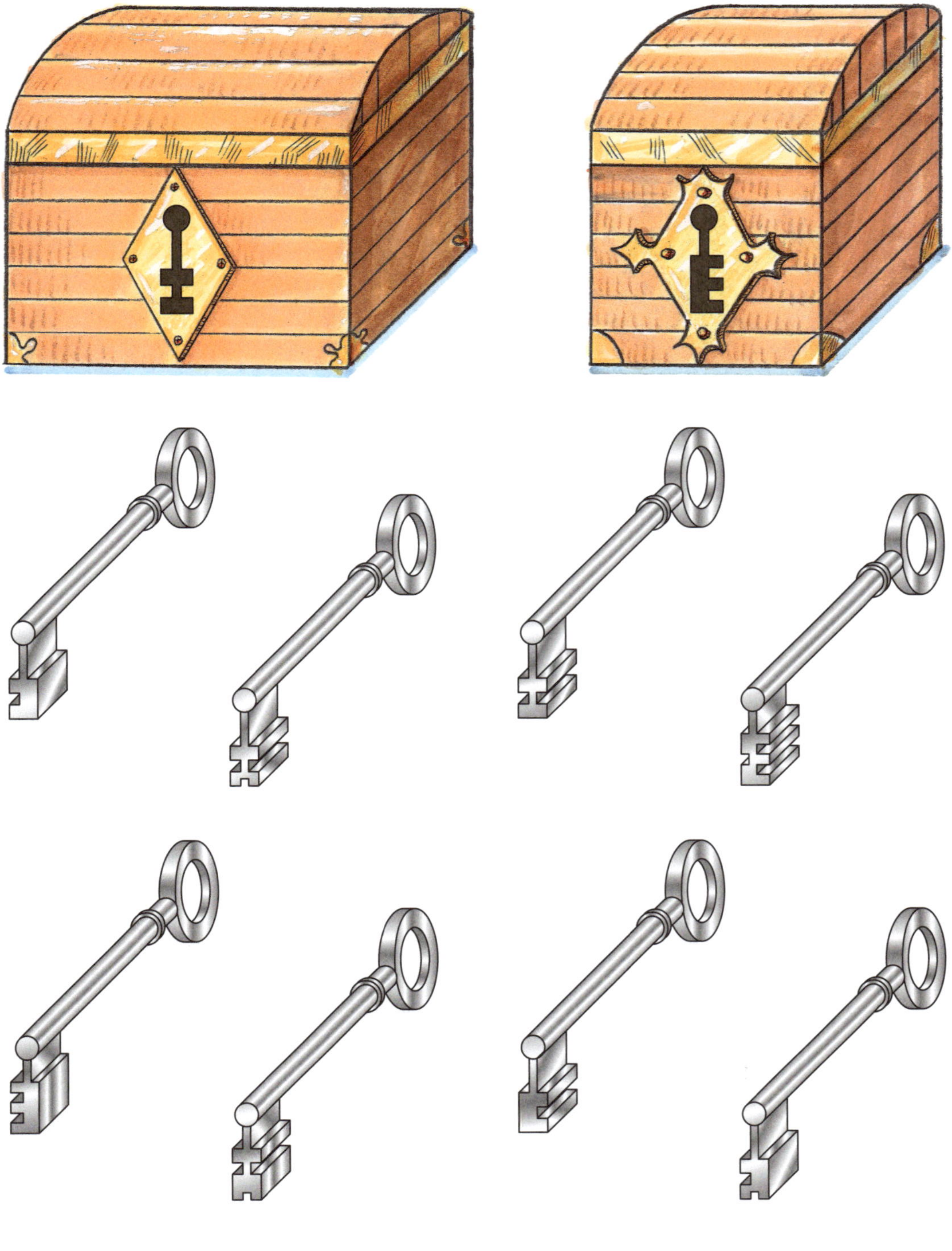

1

1 · 4 = ____	4 · 1 = ____	1 · 8 = ____	8 · 1 = ____
2 · 4 = ____	4 · 2 = ____	2 · 8 = ____	8 · 2 = ____
4 · 4 = ____	4 · 4 = ____	5 · 8 = ____	8 · 5 = ____
5 · 4 = ____	4 · 5 = ____	8 · 8 = ____	8 · 8 = ____
10 · 4 = ____	4 · 10 = ____	10 · 8 = ____	8 · 10 = ____

2

1 · 3 = ____	3 · 1 = ____	1 · 6 = ____	6 · 1 = ____
2 · 3 = ____	3 · 2 = ____	2 · 6 = ____	6 · 2 = ____
3 · 3 = ____	3 · 3 = ____	5 · 6 = ____	6 · 5 = ____
5 · 3 = ____	3 · 5 = ____	6 · 6 = ____	6 · 6 = ____
10 · 3 = ____	3 · 10 = ____	10 · 6 = ____	6 · 10 = ____

3

1 · 7 = ____	7 · 1 = ____	1 · 9 = ____	9 · 1 = ____
2 · 7 = ____	7 · 2 = ____	2 · 9 = ____	9 · 2 = ____
5 · 7 = ____	7 · 5 = ____	5 · 9 = ____	9 · 5 = ____
7 · 7 = ____	7 · 7 = ____	9 · 9 = ____	9 · 9 = ____
10 · 7 = ____	7 · 10 = ____	10 · 9 = ____	9 · 10 = ____

1

· 10	
2	
7	
4	
6	
9	

: 10	
50	
30	
80	
100	
70	

· 5	
8	
2	
6	
7	
3	

: 5	
25	
15	
30	
45	
35	

2

12	2 · ___	10	2 · ___	16	2 · ___	14
2 · 4						2 · ___
8	2 · ___	18	2 · ___	20	2 · ___	4

3 **Rechne und male das Bild richtig an.**

$5 \cdot 5 =$ 25

$8 \cdot 5 =$ ___

$10 \cdot 9 =$ ___

$2 \cdot 7 =$ ___

$7 \cdot 5 =$ ___

$20 : 5 =$ ___

$12 : 2 =$ ___

$70 : 10 =$ ___

$45 : 5 =$ ___

$16 : 2 =$ ___

Merke dir eine Figur und zeichne sie nach.

Und so wird's gemacht:

Merke dir eine Figur aus der linken Spalte.

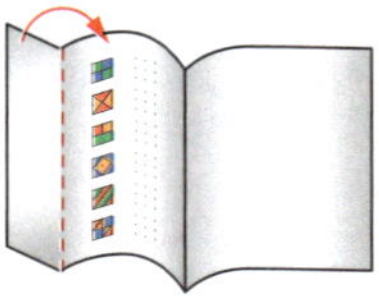

Falte das Blatt entlang der gestrichelten Linie. Decke die Figur zu.

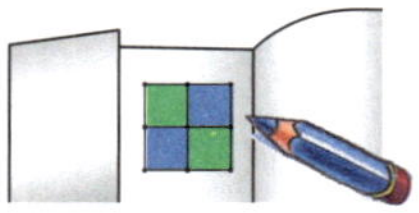

Zeichne sie rechts nach.

Kontrolliere das Ergebnis.

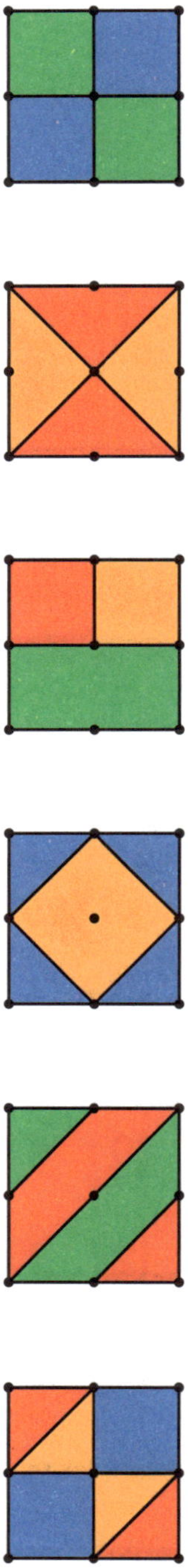